青春文庫

ゴルフ　次のラウンドで確実に100を切る裏技

中井 学

青春出版社

はじめに

考え方ひとつで、100切りはすぐに実現できます！

100の壁、なんていう言葉があります。100をなかなか切れない人にとってはとても高く感じられるものかもしれませんが、その壁は本当に高いといえるのでしょうか？

たしかに、シングルとなると知人や友人を探してもそれほど多くないでしょうし、「自分の知り合いにはいない」という人もいるでしょう。でも、100を切ったことのある人であれば、友人や知人にもたくさんいるはずです。その中には、あなたよりパワーがなく、運動神経もたいしたことがなさそう、ほかのスポーツであれば絶対負けそうもない、という人もいるんじゃないでしょうか？

つまり、100というスコアを切るのは、それほど難しいことではないのです。ドライバーの飛距離でいえば180ヤードで十分。球は曲がったっていいし、ミスショットがたくさん出たって大丈夫です。パーなんてたま～にとれればいいし、ロングアイアンのように難しいクラブは打てなくたっていい。それでも100は切れるのです。

このように書くと、「そんなの机上の空論だ」「子供のころから上手かったプロに、100が切れずに悩んでいる私たちの気持ちはわからないよ」なんて言われそうです。たしかに、僕は高校を卒業するころにはアンダーパーで回ることができましたし、その後は米国に留学して、ツアープロを目指していました。

でも、僕には、大人になってから100を切れずに悩んだという経験があります。そのころの僕は、もしかするとみなさんより飛ばない、曲がる、ミスをするという下手クソだったかもしれません。それでも僕は100を切りました。その経験と、そのときの方策がみなさんの100切りに大いに役立つのです。

あれは留学中の22歳のときでした。僕の左腕は、幼少時のケガが原因でワンラウンドすると握力がなくなって、クラブが持てなくなるという状態になっていました。僕は悩みました。このまま続けていってもプロにはなれない。でも、手術をすれば二度とゴルフができなくなる危険もある……。そんなとき、多くの大リーガーや村田兆治投手、桑田真澄投手の手術を執刀した、フランク・ジョーブ博士に偶然出会いました。僕は、博士の手術にかけてみることにしたのです。

左腕の手術は成功しました。しかし、6カ月間片手が使えなくなってしまいました。半年のブランク。それはツアープロを目指す22歳を絶望させるのに十分な時間です。僕は仲間が練習するのを見ては焦り、テレビでプロのプレーを見ては落ち込みました。そして、あるとき決めたのです。「右手1本でもゴルフができるようになってやる」と。

僕は練習を開始しました。でも、短いアプローチはともかく、長いドライバーを右手1本で打つのはけっこう難しい。正直言って、最初はまったく当たりませんでした。それは1Rを110～120で回る人の比ではありません。生まれてはじめてクラブを持って、いきなり振った初心者のように当たらないのです。

そんな状態から僕は練習を重ね、ドライビングレンジではそこそこ打てるようになりました。しかし、コースに出るとそこからがまたひと苦労。フェアウェイはともかく、フェアウェイバンカーになるとちょっとしたミスで全然飛びません。ラフや傾斜地は難しいし、深いガードバンカーなどはなかなか脱出できなかったのです。

それでも僕はあきらめずに考えました。こんなに飛ばなくてミスばっかりだけど、どうにかして100くらいは切りたい。そのためにはどうしたらいいのか……。たとえば、右のOBが怖いときは、ドライバーで打つのをやめました。長い距離が残り、セカンド以降がつらくなっても、OBを打つよりもマシだからです。アイアンは、ダフりのミスだけは避けました。トップはそこそこ飛ぶけれど、ダフりは全然飛ばないからです。グリーンまわりの池と深いバンカーは徹底的に避け、アプローチではパターを多用しました。

そしてある日、僕は右手1本で100を切ったのです（ベストハーフは44でした）。ドライバーは180ヤード、スライスもするし、びっくりするようなミスもする。バンカーと池は怖いし、アプローチはパターばっかり。そんな僕でも100を切れました。

だから、僕はみなさんに言えるんです。100というスコアは、飛ばなくても、曲がっても、けっこうミスをしても、アプローチが下手でも切れるのだと。

この本では、22歳のころの僕の経験と、僕がプロになってからアマチュアの方たちを教えてきたことを元に、ラウンド数が少なく、練習もあまりしない普通のアマチュアの方が、どうにかして100を切るための方法を紹介していきます。

中には、「そこまでやるか！」と言われそうなテクニックもありますし、どこの本にも書かれていないようなアンチセオリーも入っています。だから、人によってはコースで実践するのに抵抗を感じることがあるかもしれませんが、すべて試してみてください。

そして、とにかく一度でいいから100を切って、「100切り後の世界」を見てほしいのです。そこから見える景色は、100を切る前とは何かが違っているはずです。スコアカードに、どんなことをして100を切ったか書く欄はありません。だから、何をしたって、スコアを出した者の勝ちなのです。

一度越えた壁を、もう一度越えるのが難しくないように、一度100を切れたら、二度目に切るのはそう難しくなくなります。だから、まずはこの本に書いてあることを実践して100を切り、100を切るコツをつかんでください。

それでは、具体的な方法を見ていくことにしましょう。

ゴルフ　次のラウンドで確実に100を切る裏技　［目次］

第2章

コース戦略ひとつでゴルフは急にやさしくなる

第3章

〝思い込み〟を捨てればティショットは9割上手くいく

第4章

今のスイングでミスがなくなるアイアンショットの極意

第5章

苦手意識がすっきりなくなる アプローチ&パッティング

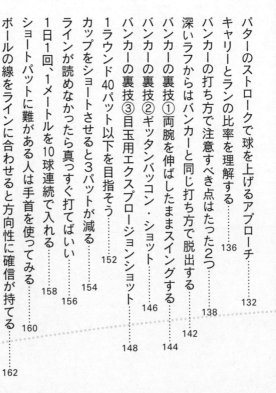

第6章

これだけやればOK！最速で100切りする練習メニュー

第7章

やってはいけないクラブ&用具選び

構成　乃木坂 魚紳
本文イラスト　中村知史
本文DTP　佐藤 純（アスラン編集スタジオ）

第1章

誰でもすぐに100を切れる「7つの心得」

飛ばなくても、曲がっても100を切るには

100というスコアは、少しくらい飛ばなくたって、曲がったって、ミスをしたって切ることができます。

ただし、ショットの安定しない人が練習をしないで100を切ろうと思ったら、正攻法では上手くいくはずがありません。少し頭を使って、少し我慢をして、ゲリラ戦法も使ってスコアをまとめていく必要があります。

繰り返しますが、この本は100を切れずに悩んでいる人が、カッコ悪くても、みっともなくても、あらゆる手段を使って100を切るための本です。ですから、普通のレッスン書とは、スタンスも内容も違うのです。

本当に練習はしなくていいかって？　そりゃあ、練習をしないよりも練習をしたほうが、早く目標を達成することができます。でも、110〜120くらいで回れる人であれば、練習をしなくてもスコアをアップする方法はたくさんあるのです。

もちろん、「練習は好き」「練習してもっと上手くなりたい」という真面目なゴル

ファーもいらっしゃるでしょうから、そのための練習方法も紹介していきます。

では、100を切るには具体的にどうしたらいいのでしょうか。まず、みなさんに覚えておいてもらいたいことが7つあります。これは、コースをラウンドして100というスコアを切る経験をするために必要な、大前提のようなものだと考えてください。

飛ばなくても、曲がっても100を切るためには、飛ぶ人や曲がらない人、上手い人とは違う方法が必要になります。だって、100を切れない人がドライバーでナイスショットを続けたり、バンカーからピンにピタリと寄せたり、狙ったパットを確実に沈めたりするのは、少し難しい……。それでもスコアをつくるためには、それなりの作戦が必要になるというわけです。

人によっては、この章に書かれている2つのことを実践するだけで100が切れてしまうかもしれません。だから、この章だけはじっくり読んで、その内容をしっかり覚え、次のラウンドに生かしてください。

心得1　「見栄」はどこかに捨ててしまう

飛ばなくても、曲がっても100を切る。そのためにまず心がけてほしいのは、カッコをつけないということです。自分では気づいていないかもしれませんが、100を切れない人の多くは、「カッコつけたい」という意識からスコアを崩しています。だから、その意識を改革してほしいのです。

たとえば、フェアウェイが狭くOBが怖いホールでも、イチかバチかでドライバーを抜いてOBを打ってしまう。そこでアイアンを持てば、OBは避けられるのに……。

このように書くと、ほとんどの人は、「アイアンで打つなんてカッコ悪い」とか「それでは距離が残ってしまう」と言います。

でも、OBを打ったら2回空振りをしたのと同じこと。それならある程度自信を持って打てるクラブで2回打ったほうが、はるかに距離が出せるじゃないですか。

それがイヤなのは、カッコつけている証拠です。

プロだってシングルだって、刻むべきところは刻むんです。本当にゴルフがわかっている人だったら、「刻むなんてカッコ悪い」なんて言いません。もし、そんなことを言ってからかってくる人がいたら、「ゴルフがわかってないなぁ」って心の中で笑ってあげればいいんです。

アプローチだって同じです。「アプローチはウェッジを使うもの。パターを使うなんてカッコ悪い」と思い込んでいる人がいるのですが、そんなことはありません。全英オープンを見てください。世界の一流選手だって、パターを使ってアプローチをしているじゃないですか。もちろん、彼らはウェッジが苦手だからパターを使っているわけではありません。パターを使うのがいちばん寄ると思っているからパターを使うのです。

ウェッジでザックリする可能性が高い人であれば、パターを使ったほうが寄る確率が高いのですから、堂々とパターを使えばいいのです。

飛ばなくても、曲げても、練習しなくても100を切るためには、正攻法は通用しません。カッコを気にせず、スコアをつくりにいく。そういう姿勢がいちばん大切なのです。

心得2　球はできるだけ浮かさない

100を切るための心得、その2つめは、なるべく球を浮かさないということです。球を浮かさないというのは、なるべく低く、転がる球を打つということ。ティショットでも必要以上に高い球を打とうとせず、フェアウェイからはハーフトップめの低い球を心がける。これが大切です。

これにはいくつかの理由があります。まず球を浮かそう、高い球を打とうとすると「すくい打ち」や「あおり打ち」になり、ヘッドが下から入ってしまいやすくなります。するとボールの手前を大きくダフったり、球が曲がったりする原因になるので、それを防ぐという意味があるのです。

またダフりを抑えることによって、飛距離が大幅に落ちるミスを減らすという意味もあります。100を切れない人の場合、OBで自滅するというケースはもちろんあるのですが、それよりも、2打目以降で球が前に進まずにスコアを崩すことが多いのです。その最大の原因が、ダフりによる大幅な飛距離ロス。

ダフりのミスに比べて、トップのミスは飛距離が落ちません。だから意識的にハーフトップを打とうとすることで、ダフりや飛距離が出ないというミスを減らすのです。

さらに、高い球ほど曲がり幅は大きくなりやすく、風の影響も大きくなるので、これを抑える効果も狙っています。たとえば、同じだけサイドスピンがかかっても、低い球は早く地面に落ちるので、曲がり幅は小さくなります。高く上げたらOBになる球でも、高さを抑えれば、ラフに止まる可能性が出てくる。つまり、曲がり幅が大きい人ほど、低い球を打つメリットが大きいのです。

プロや上級者でも、「球を曲げたくない」「風の影響を減らしたい」というときには、意識的に低い球を打っていきます。球の曲がらない人でさえそういう工夫をするのですから、球が曲がる人は常に低い球を打とうとすることが大切なのです。打ち方は追って説明しますが、100を切りたかったら、「なるべく球を浮かさない」ということを肝に銘じてください。

心得3　危険な〝ワナ〟は徹底的に避ける

100を切るための3つめの心得は、「危険な〝ワナ〟は徹底的に避ける」です。池やOBなど、そこに打ってしまうとペナルティのついてしまうワナはもちろんですが、一度はまるとスコアを崩しやすいバンカー、深い林や崖などは、「やりすぎだろ！」と突っ込まれるくらい徹底的に避ける努力をしてください。

100を切ったことがない人というのは、ショットは曲がるし、大きなミスも出ます。でも、曲がっても距離が出なくても、それだけでスコアを大きく崩すことはありません。もちろん、チョロやシャンクばかりで大叩きすることがあるかもしれませんが、そういうケースはけっして多くないはずです。

たとえば、1ホールでダブルパー以上を叩いてしまったときには、必ずOB、池、バンカー、崖のいずれかにつかまっているはず。つまり、そういうミスを避けることが、スコアを減らすいちばんの近道なのです。

もちろん、どんなに努力してもそれらのワナを完全に避けることはできません。

でも、避ける努力だけはしてほしいのです。そのためには、ティグラウンドに立ったらコース図やコースガイドを見て、それらのワナがあるかないかを必ずチェックするクセをつけることが大切です。そして、ワナがあったときには、自分なりに「どうしたらワナを避けられるのか」を必死に考えてください。

たとえば、ティショットでOBが怖ければ絶対にそこに届かないクラブで打つ。右にOBがあれば、左の斜面やラフでもいいと思って打つ。池が怖いなら、遠回りしてでも避ける、などなど……。危険に気づき、危険を絶対に避けようと思えば、避けられるものも多いはずだからです。

状況別の具体的な危険の避け方については、次章以降で詳しく見ていきますが、池、バンカー、OB、崖は意地でも避ける（努力をする）。これだけは忘れないでください。

そこにワナがあることに気づかず不用意に打ってOBになる、上手くいけば越えられるかもしれないと楽観的に考えて池につかまる――。100をコンスタントに切るためには、このようなミスは絶対に避けなければならないのです。

心得4　絶対にカップをオーバーさせない

4つめの心得は、絶対にカップをオーバーさせないということです。これはショットだけではありません。アプローチもパットも、すべてカップをオーバーさせないように意識して攻めるのです。

もちろん例外（たとえば手前に大きな池があるときなど）はありますが、ショットであればピンを越える番手は持ちません。花道が広く、グリーン手前にワナのないホールであれば、花道までの距離を打っていくのもいいでしょう。アプローチもパットもカップをオーバーさせない。手前に止まったらOKと考えてください。

これにはさまざまな意味があります。まず、カップをオーバーすると難しいアプローチやパッティングが残ってしまいます。日本のゴルフコースの場合、受けている（奥から手前にかけて傾斜している）グリーンがほとんど。つまり、グリーンをオーバーすれば下りのアプローチが、カップをオーバーすれば下りのパッティングが残ります。プロでさえ下りのアプローチやパッティングは残さないように攻めるのに、100を切れないみなさんがそれをピタリと寄せたり、入れたりするのは難しいはずです。

また、100を切れない人はショットもアプローチも球が止まりにくいことも大きな理由です。グリーンに落ちた球が、そこでピタリと止まるような球が打てるような人はほとんどいないはずで、みなさん、落ちてからもコロコロと転がってしまいますよね？　つまり、そういう人はカップをショートさせるくらいでちょうどいいことが多いのです。

思い返してみてください。1ホールでスコアを大きく崩してしまうときは、グリーンを行ったり来たりしたり、カップを行ったり来たりしていることが多いはずです。それはつまり、カップをオーバーさせてしまうから。常にカップをショートさせるという意識があれば、行ったり来たりのミスはなくなるのです。

カップをショートさせる攻め方については第3章以降でも詳しく説明していきますが、カップは絶対にオーバーさせない。ショットもアプローチもパットも、ほふく前進で一歩一歩進んでいく。これが100切りの近道になるのです。

心得5 〝ダブルボギー以下〟を死守する

１００を切るための心得、その5つめは、各ホールを常にダブルボギー以下で回るということです。18ホールすべてダブルボギーで１０８打。そこから9打減らせば１００を切ることができます。ダブルボギー以上は打たず、ときどきボギーで、たま～にパーをとれる。そんなゴルフができれば１００を切ることができるのです。

考え方としては、ダブルボギーならパー、ボギーならバーディ（マイナス１打）、パーならイーグル（マイナス2打）と考えることで、トータルで9アンダー以下を目指します。

次ページのスコアカードを見てください。1番ダブルボギー、2番ボギー、3番トリプルボギーですから、3番まではダブルボギーペース。つまり、みなさんにとってのパープレーができています。ここからいかにしてトリプルボギーを打たず、いくつボギーとパーをとれるかが、１００切りのポイントになるわけです。

スコアカードに戻ります。４番ボギーで1アンダー、7番の短いパー3でパーを

HOLE	1	2	3	4	5	6	7	8	9	OUT
YARDS	336	384	175	496	418	307	126	392	515	3,149
PAR	4	4	3	5	4	4	3	4	5	36
SCORE	6	5	6	6	6	6	3	6	6	50
PUT										
	0	-1	+1	-1	0	0	-2	0	-1	-4

10	11	12	13	14	15	16	17	18	IN	TOTAL
369	412	321	160	382	128	477	421	492	3,162	6,311
4	4	4	3	4	3	5	4	5	36	72
5	6	4	6	5	4	8	6	6	49	99
-1	0	-2	0	-1	-1	+1	0	-1	-5	-9

とって3アンダー、9番のボギーで、前半を4アンダーで終えることができました。これでスコアは50。あとは後半次第です。10番ボギーで5アンダー、12番の短いパー4をパーとして7アンダー、14番、15番ボギーで、早々に目標の9アンダー達成です！

しかし、16番のトリプルボギーで8アンダーとなり、少しピンチに陥ります。でも、ゴルフはここからが勝負。17番をダブルボギーでしのぎ、18番でボギーをもぎとって9アンダー。後半49で、無事100を切ることができました。

このように、ダブルボギー以下で回ることが100切りのペースをつかむポイントです。トリプル以上を打つと苦しくなることもわかってもらえたのではないでしょうか。

心得6　「パーパット」を打てるようにする

100を切る6つめの心得は、パーパットを打てるようにするということです。これは、けっしてパーをとれとか、パーパットを入れろという意味ではありません。パー3なら2打、パー4なら3打、パー5なら4打以内でグリーンに乗せて、どんなに長くてもいいからパーパットを1回は打てる状況に持っていこう、という意味です。そうすれば、2パットでいけばボギー、3パットしてしまってもダブルボギーで収まります。つまり、ダブルボギー以下で回るという5つ目の心得をクリアできるというわけです。

たとえば、360ヤードのパー4。2打で乗せようと思ったら、220ヤード打って、残り140ヤードを乗せる必要があります。つまり、ナイスショットを2回続けなくてはいけないわけです。もちろん、練習場だったらそれくらいのことはできるかもしれませんが、コースに出るとできないのが100を切れない人の悩みでしょう。

でも、それを3打で乗せればいいと思えば、突然やさしく感じるのではないでしょうか。ティショットをミスして160ヤードしか飛ばなくても、残りは200ヤード。これを2回で届かせればいいのですから、100ヤードを2回打ってもいいし、150ヤードを打って、50ヤードを乗せてもいいわけです。

パー3だって、2打で乗せればいいと思えば簡単ですよね？　200ヤードのパー3だって、ワンオンさせるのは難しくても、最初から2打で乗せればいいと思えばどうにかなるはずです。480ヤードのパー5だって、4回で乗せればいいと考えれば120ヤード×4回でいいのです。ティショットだって、セカンドショットだって、120ヤードでいいんだと思って打てば、もっと飛ぶはずです。そして飛んだ分だけ距離の貯金になり、楽に4オンさせやすくなるわけです。

そのための具体的な考え方、攻め方についてはこれから詳しく説明していきますが、100を打つには、パーパットが打てるように頑張ればいいんだ、ということだけは覚えておいてください。

心得7　「必殺の2本」をつくっておく

100を切るための7つめの心得。それは「必殺の2本」をつくるということ。簡単に言ってしまえば、自信を持って打てるクラブを2本つくるのです。

1本は100ヤードに限りなく近く飛んで、100ヤード以上は飛ばないクラブ。番手はPWでもいいし、49～52度くらいのウェッジでもけっこうです。人によって番手は変わってくるでしょうが、自信を持って100ヤードを打てるクラブをつくるのです。

たとえば、グリーンまで200ヤード以上残ってしまったとき、ほとんどの人はFWなどを持ってできるだけグリーンに近づけようとします。しかし、飛ばそうとすればするほどムダな力が入るためミスが出やすくなり、全然飛ばなかったり、ひどいときにはOBになってしまったりするわけです。

そんなとき必殺の100ヤードクラブがあると、無理に飛ばそうとするのではなく、「100ヤードを残せばいいんだ」と考えられるようになります。そうすると力むことがなくなるのでナイスショットになりやすいし、得意な距離が残ればグリーンに乗る可能性も高くなるのです。

そしてもう1本は、フェアウェイから自信を持って150ヤード打てるクラブです。たとえば5Wや7W、ハイブリッド（ユーティリティ）であれば4～6UT、パワーのある人なら5～6Iなどが目安になりそうですが、この中の1本に自信をつけてもらいたいのです。

そういうクラブを持っていると、距離が残って少しでもグリーンに近づけたいときだけでなく、ティショットでOBが怖いときなどにも役立ちます。

自信を持って100ヤードが打てるクラブと150ヤードが打てるクラブ。この2本がつくれたら、コンスタントに100を切れるでしょう。

「必殺クラブ」を2本つくろう

100を切るための7つの心得

心得①

「見栄」はどこかに捨ててしまう

心得②

球はできるだけ浮かさない

心得③

危険な“ワナ”は徹底的に避ける

心得④

絶対にカップをオーバーさせない

心得⑤

“ダブルボギー以下”を死守する

心得⑥

「パーパット」を打てるようにする

心得⑦

「必殺の2本」をつくっておく

第2章

コース戦略ひとつで
ゴルフは
急にやさしくなる

今の技術のままで、スコアを大きく縮める考え方

たとえば、ある日のラウンド。前半のハーフを53というスコアで回った人がいるとします。彼の調子はいつも通り、スコアも普段からこんな感じです。きっとその人は、このままラウンドしたとしても後半も50台のスコアで、残念ながらまた100を切れないで終わるのではないかと思います。

では後半のハーフ、僕がその人のキャディとなって、どう攻めるかという指示をしてあげたらどうなるでしょう？　僕は彼のスコアをアップさせる自信があります。もしかしたら、46が出て100の壁を破ってしまうかもしれません。

「いくらプロがアドバイスしたからって、そんなに上手くいくはずがない」と思うかもしれません。ところが、これが上手くいっちゃうんです。でも、それは僕がすごいわけではなく、ポイントはその人のほうにあるのです。

100を切ったことがない人、100をコンスタントに切れない人というのは、非常にもったいないプレーをしています。僕たちが見ていると、「うわっ、そこで

そのクラブを選んじゃったか〜」「あー、そこを狙っちゃうとダメなんだよなぁ〜」というプレーの連続。そしてそのプレーが原因で、やらなくてもいいミスをしたり、スコアを大きく崩したりしています。だから、そういうプレーを前もって回避してあげるわけです。

もちろん、僕がアドバイスをしたからといって、すべてのミスがなくなるわけではありません。きっとその人は、言われた通りのことを全部できるわけではないし、僕が想像した以上のミスもするはずだからです。それでも、もったいないミスのいくつかは解消することができる。それだけで、十分スコアアップにつながるのです。

「たくさん練習して、いいショットが打てるようにならないと100は切れない」。そう思い込んでいる人は多いでしょう。でも、ハーフを50台で回れる人であれば、考え方、攻め方次第でかなりスコアを縮めることが可能です。

第2章から第5章では、そういう「頭を使ったスコアアップ法」を紹介していきます。まずは、パー4、パー5、パー3と、ホール別の考え方を見ていくことにしましょう。

OBにならなければティショットは大成功

それでは、ミドルホール（パー4）の攻め方から見ていくことにしましょう。第1章でお話しした通り、パー4は3打以内でグリーンに乗せるのが目標。まずは、そのためのティショットの考え方です。

コース攻略を考えるとき、プロはよく「グリーンから逆算しろ」などと言います。これは、ピンポジションやグリーン形状、グリーンまわりの状況を見て、攻め方を考えるという意味です。たとえばピンが右サイドにある場合、グリーン右手前にハザードや障害物がある場合、グリーンが左に傾斜している（グリーンの左側が低い）場合などは、フェアウェイ右サイドより左サイドのほうがピンに寄せやすい。だから、フェアウェイ左サイドを狙って打っていきます。

逆にピンが左サイドにある場合、グリーン左手前にハザードや障害物がある場合、グリーンが右に傾斜している（グリーンの右側が低い）場合などは、フェアウェイ右サイドを狙ってティショットを打っていくのです。

とはいえ、このような攻め方をするには狙ったところに球を運ぶ技術が必要になります。さらに、ティグラウンドでピンポジションやグリーンまわりの状況を把握するには、心にかなりの余裕がなければなりません。シングルクラスになって安定して70台で回りたい人であればこのくらいのことも考えてもらいたいのですが、目標が100を切ることであれば、そんな小難しいマネジメントは必要ないのです。

100を切るために、パー4のティショットで考えるべきはたった一点。OB、池、深い崖、深い林を避け、第2打がグリーン方向に打っていけるところに球を運ぶこと。これだけです。多少曲がっても、距離が出なくても全然問題ありません。

極端なことを言えば、100ヤードでも150ヤードでも前に進んだのならよしとします。どんなに距離が長いホールでも短いホールでも、飛距離を出そうとしてはいけません。フェアウェイに運べたら最高ですが、ラフでもかまいませんし、左右のノリ面（傾斜地）でもOKです。この目標がクリアできれば、パー4のティショットは大成功です。

「短いパー4」ほどドライバーは持たない

パー4のティショットは、OBや池などのワナにつかまらなければOKだと言いましたが、320ヤード以下の短いパー4だったら、「おっ、ここは頑張らなくちゃ」と気合いを入れてください。短いパー4は、多少飛ばない人でも曲がる人でも、パーオンできるチャンスがあります。だから、いつも以上にティショットを頑張ってほしいのです。

このように書くと、「よし、飛ばしてやるぞ！」「少しでもグリーンに近づけよう」などと考えてしまう人がいるのですが、頑張るというのはそういう意味ではありません。チャンスホールだからといって飛距離を出そうなどと思ったら、力んでミスをするだけ。チャンスのときほど、飛距離を求めてはいけないのです。

では、どうすればいいのかというと、いつも以上にOBを打たないように頑張る。池に入れないように、林につかまらないように、崖下に落とさないように、グリーン方向に第2打を打てるポジションにボールを運ぶように頑張るのです。何度も言いますが、それさえできれば、パー4のティショットは大成功なのです。

とはいえ、グリーンを狙えるところに運べと言われて、それがなかなかできないのが100を切れない人の悩みだと思います。「OBを打つなって……それが難しいんだよ！」という声が聞こえてきそうです。そりゃあそうです。狙ったところに打てる技術があるなら、100どころか90だって切っているに違いありません。

でも、本当にOBを避けるのは難しいのでしょうか？　極端なことを言えば、ティショットをSWで打てば、右サイドが全部OBだろうと、めちゃくちゃ狭いホールだろうと、OBになることはないはず。難しく感じるのは、ドライバーでナイスショットしようとするからなのです。

もちろん、本当にSWで打て、なんてことは言いません。広くてプレッシャーのかからないホールであれば、ドライバーで打ってもかまわないのです。でも、わずかでもOBの危険があるなら、とにかく一度はドライバー以外のクラブで打つことを考えてみてください。その勇気を持つだけで、100切りはかなり近づいてくるのです。

「残り100ヤード」になるようティショットする

短いパー4のティショットにナイスショットはいりません。少しくらい曲がっても、飛距離が出なくても、OBや池につかまることだけを避ければいいのです。だって、280ヤードのパー4であれば、180ヤード飛んだら残りは100ヤード。100ヤードであれば、みなさんだってグリーンに乗る確率はかなりあるはずです。それなら無理に飛ばす必要はまったくないじゃないですか。

「なんだ、180ヤード飛べばいいのか」。そう考えることができれば、飛距離はそこそこでOK。当たりが悪くたって問題ありません。ドライバーに自信がない人であれば、フェアウェイウッドやハイブリッド（ユーティリティ）を使うのもいいでしょうし、ちょっと力に自信のある人だったらアイアンで打つほうがいいかもしれません。

第3章で詳しく説明しますが、ドライバーをすごく短く持ったり、スタンスを狭くしたりして打つのもいいでしょう。

短いパー4に来たら、まずトータルの距離から100ヤードを引いて作戦を立てるのです。300ヤードだったら100ヤード引いて200ヤード。220ヤード飛ぶ人が200ヤードでいいと思って打てば力んでしまうこともなくなり、ミスショットする確率を減らすこともできるはずです。

320ヤードであれば100ヤード引いて220ヤード。これはなかなか刻めないかもしれませんが、少し当たりが悪くて200ヤードしか飛ばなくても、残りはたった120ヤードなのです。多少ミスしても、パーオンのチャンスが残されているということを実感できるでしょう。

第1章でお話しした通り、100を切る秘訣は絶対にトリプルボギーを打たないこと。そのためには大きなミスを避け、フェアウェイからラフまでの間にボールを運ぶことに集中する必要があります。短いパー4は、飛距離が出なくてもいいからOBを打たないように頑張る。これを徹底することがとても大切なのです。

グリーンを狙うときは「センター狙い」が大原則

ティショットを打ち終わり、第2打地点にやってきました。ここでまず見てもらいたいのがボールのライです。ボールがフェアウェイにあるのか、ラフにあるのか、フェアウェイバンカーにあるのかで、攻め方が大きく変わってくるからです。ライが悪いときの対処法は第3章で詳しく説明しますが、ここではフェアウェイや浅いラフからグリーン方向を狙っていけるときの考え方を紹介します。基本的に、このようなケースでは残り距離によって攻め方を変えていくといいでしょう。

まず8I以下で狙える距離が残ったときですが、この場合はグリーンオンを狙っていきます。ここで大切なのは、ピンがどこにあってもグリーンセンターを狙うということ。つまり、グリーンセンターまでの距離を打っていくのです。

たとえばピンが右にあるとき、これを狙ってグリーンの右に外すと、球を上げて止めるという難しいアプローチが残ります。またピンが奥のとき、無理に突っ込んでグリーン奥に外すと、下りのさらに難しいアプローチが残るでしょう。このようなミスを避けるためには、どんなときでもグリーンの真ん中を狙い、グリーンの真ん中までの距離を打っていくという攻め方が正解なのです。

第1章で説明したように、ピンをオーバーしなければ上りのやさしいラインが残るので、グリーンを狙うときはピンをオーバーしない番手で打つのが基本。

ピンが奥のときは、グリーンセンターを狙えば自然にピンをオーバーしない番手で打つことになりますが、ピンが真ん中のときは、なるべくそれをオーバーしない番手を選ぶようにしてください。

ただ、ピンが手前のときに短い番手を持つと、グリーンに乗らない可能性が高くなります。花道が広く平らな場合はそういう攻め方でもいいのですが、100を切れない人にとって、そのような状況に応じた攻め方をするのはかなり難しくなります。ですから、ピンが手前のときには、グリーンセンターを狙って「とりあえずグリーンに乗せておく」という考え方でいいでしょう。

200ヤード以上残ったら絶対にグリーンを狙わない

次に、グリーンまでの距離が長く、1打ではけっして届かないときの攻め方を見ていきます。この場合はボールをグリーンに近づけつつ、どうにか3オンさせるよう頑張ります。100を切ることが目標であれば、残り200ヤード以上あったら、届く可能性があるとしても最初から3オン狙いに徹したほうがいいでしょう（ドライバーが220ヤード以下の人であれば、180ヤード以上でも3オン狙いに切り替える）。

このように書くと、「そんなのもったいない」「届く可能性があったら狙ったほうがいい」と考える人もいるかもしれません。でも、100を切れない人が、残り200ヤードからグリーンをとらえられる可能性はほとんどありません。そこで無理をしてOBを打とうものなら、100切りの目標は遠のいてしまいます。

それなら、「200ヤード以上あったらグリーンは狙わない」と決めてしまい、

3オンを目標にするのが賢明というものです。

少しでもグリーンに近づけようとして、3W（スプーン）などを振り回すのは厳禁です。100を切れない人がスプーンをナイスショットする確率もけっして高くありません。どちらかと言えば、ミスをする確率のほうが高いわけです。せっかくティショットをフェアウェイに運んでも、そこで無理をしてバンカーにつかまったり林やOBに入れてしまったりしたら元も子もありません。

また仮にナイスショットだったとしても、何も考えずにグリーンに近づけてしまうと、中途半端な20～40ヤードという距離が残ったりします。それがたまたま好きな距離なら問題ありませんが、そうでない場合にはザックリやトップなどをしてスコアを崩す原因になってしまうわけです。

200ヤード以上残ったとき、まず考えるべきは自分の得意な距離を残すことができないか、ということです。3オンでいいと決めたら、カッコつけず、無理をせず、次打で自信のあるクラブを使える距離に運ぶことに集中するのです。

たとえば、100ヤードが得意な人が250ヤード残ったときは150ヤードを打つ。80ヤードが得意な人が220ヤード残ったら、140ヤードを打って80ヤードを残す。はじめのうちは、次に打つショットの距離を考えるのは難しく感じるかもしれません。でも、それができるようになると確実にスコアはアップしてきます。

絶対に傷口を広げない

では、もう少し長い距離が残っているときはどうするか。この場合は、どうにか8I以下で打てる距離まで運べないかを考えます。100を切れない人でも、8I以下の番手というのは強い味方のはず。そこまで運べば、3オンできる可能性が残っているからです。そして、8I以下の距離まで運んだら、前項で説明したようにグリーンセンターを狙って打っていくようにしてください。

さらに、ティショットでチョロなどをして、もっともっと長い距離が残ってしまった場合には、第1章でお話しした、必殺の2本のうちの「150ヤードを打つクラブ」で確実にグリーンに近づけ、そこで残った距離から攻め方を考えればいいでしょう。

ティショットをミスして林につかまった、フェアウェイバンカーにつかまった、急な傾斜地に入った、崖下に落とした――。このようなときも、基本的には3オン狙いに切り替えます。いちばん大切なのは１打でそこから脱出すること。

そのうえで、可能なら得意な距離を残す。それがダメなら８Ｉ以下で打てるフェアウェイの地点まで運ぶ。それも不可能であれば確実にフェアウェイに戻し、そこで残った距離を元に攻め方を考えればいいのです。

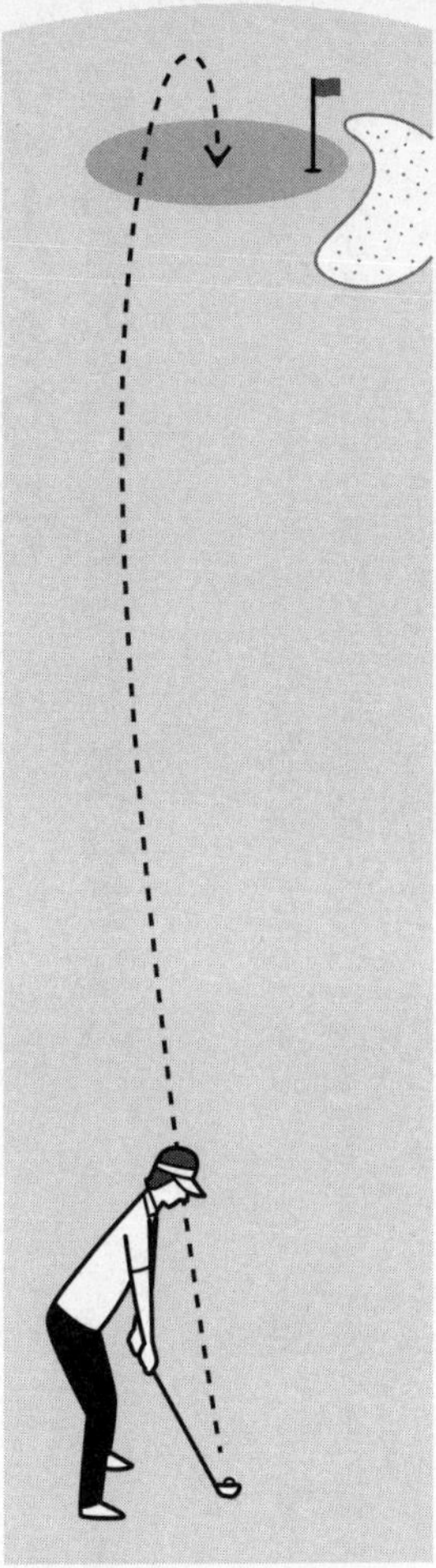

グリーンまわりで〝難易度の高いショット〟を残さない

ティショットを打って8I以下の距離が残ったらグリーンセンター狙い。200ヤード以上が残ったり、ワナにつかまったりしたときには確実に刻んで3オン狙いに徹する。これがパー4の基本的な戦略なのですが、悩ましいのは7I以上、200ヤード以下の距離が残った場合です（ドライバーが220ヤード以下の人であれば7I以上、180ヤード以下の距離が残った場合）。

この距離というのは、上手くいけばグリーンオンするかもしれませんが、曲がったりミスをしたりする可能性も高いと言えます。100を切れない人の多くは、この距離が残ったとき何も考えずにグリーンを狙ってしまうのですが、このケースこそ頭を使わないといけません。繰り返しますが、100を切れない人はこの距離のショットが不安定になりがちです。大きくショートすることもあれば、左右に曲がる可能性も高い。それでバンカーや池につかまったり、崖下に落としたり、ハザード越えの難しいアプローチを残したりしてスコアを崩してしまうのです。

この距離が残ったときには、「どんなにミスをしても、絶対に池、バンカー、OB、崖下を避ける。そして、悪くてもグリーンまわりまで運び、アプローチを乗せて3オン。もし偶然2オンなんてしちゃったら、ホントにラッキー」と考えて攻めるのです。

ショットの不安定な人が練習もせずに100を切るには、池越え、バンカー越えのショットは徹底的に避けることが大切です。これを徹底できるかどうかが、「100切りできる人」と「100叩きしてしまう人」を分けるのです。

そのためには、グリーンまわりのワナ（池、OB、バンカー、崖など）をしっかりチェックし、その状況に合わせた攻め方を覚える必要があります。

〝危険〟に絶対届かないクラブを選ぶ

まず花道が広く、グリーンまわりにワナがないとき。この場合はグリーンセンターを狙って打っていき、グリーンに乗ったらラッキー、悪くてもグリーンまわりまで持っていって、乗らなくてもOKと考えます。

第4章で詳しく説明しますが、「持ったクラブの7割以上の距離が出ればいい」と思って打つと、プレッシャーを和らげることができます（84ページ参照）。

次に、グリーン奥にワナがあるとき。このワナにはよほどのことがない限りつかまらないはずですが、奥のピンに対して突っ込みすぎたり、ショートを恐れて長すぎる番手を使ったりするとつかまることもあります。この場合もグリーンセンターまでの距離を打つクラブを使い、絶対にグリーンをオーバーさせないようにしてください。

そして、グリーンの左右にワナがあるときは、ピンがどこにあっても、右にワナがあればグリーン左サイド狙い、左にワナがあればグリーン右狙いに徹します。このとき、たとえミスしても、そのワナにつかまらない番手で打つことが重要です。そうすることで、池越え、バンカー越えのアプローチを残すことがなくなります。

たとえば、次ページの図Aのように、グリーン左に深いバンカーがあるとします。このバンカーまでは160ヤードなので、160ヤードは絶対に飛ばないクラブで、グリーン右サイドを狙って打ちます。すると、左に引っかけたとしてもバンカーにはつかまらないし、上手くいけばグリーン右手前に乗るか、悪くてもグリーン右に外れて、そこからやさしいアプローチが残るというわけです。

図A

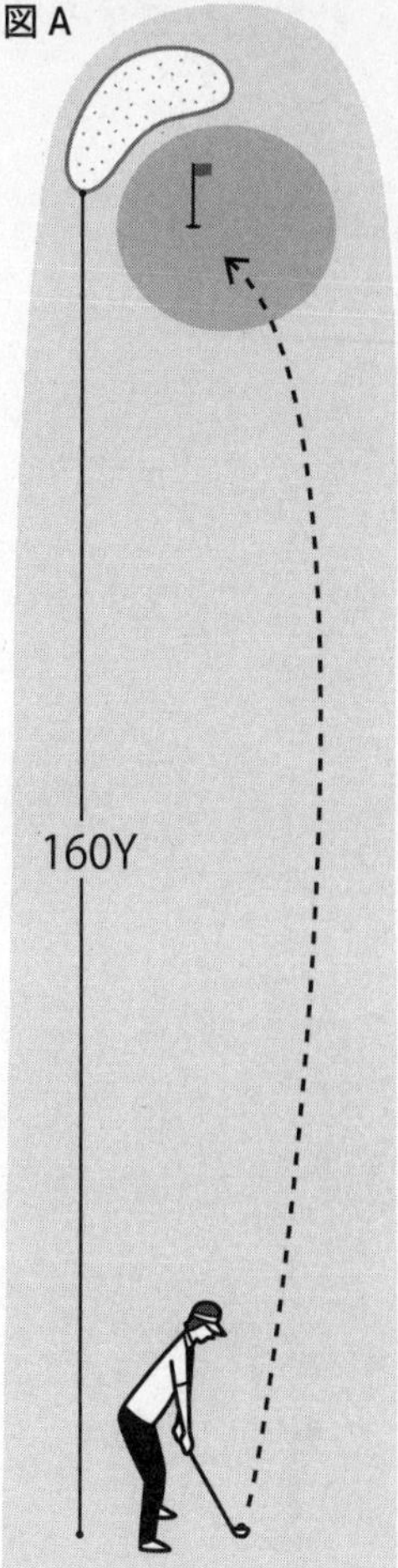

「狙わない勇気」を持てるかどうか

勇気がいるのは次ページの図Bのように、グリーン左手前に池やバンカーがあるケースです。この場合も、ピンがどこにあってもグリーン右サイドを狙い、池やバンカーに届かないクラブで打つのですが、ワナに届かない（160ヤード以上飛ばない）クラブで打つということは、グリーンにも届かないわけです。それでも、勇気を持ってグリーンをショートさせる。これが100切りの壁を越えるポイントになります。ここで欲を出してグリーンに届く番手で打ってワナにつかまると、スコアを崩してしまうからです。

「そのアプローチがグリーンに乗るとは限らない」と考える人がいるかもしれません。でも、池越え、バンカー越えさえ残さなければ、パターで打つことも可能なはずです。そうすれば、ピンに寄せることはできなくても、グリーンにはどうにか乗せることができる。この発想こそが、100切りには大切なのです。

図B

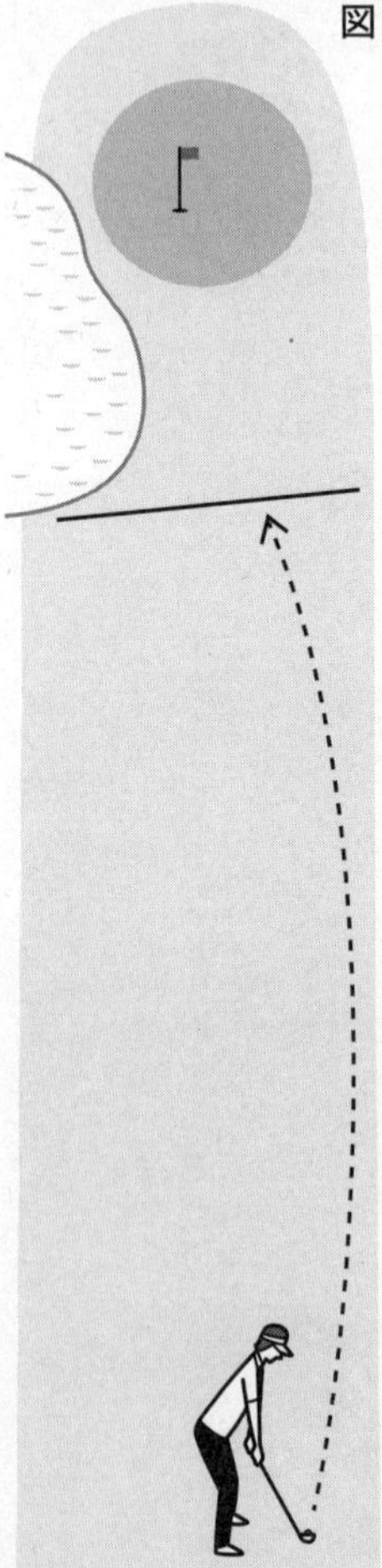

パー4はこう攻める

心得①

3打以内にグリーンに乗せる

心得②

ティショットはOB、池、林を避けられればOK

心得③

8I以下の距離が残ったらグリーン中央を狙う

心得④

200ヤード以上残ったら刻んで得意な距離を残す

心得⑤

7I以上、200ヤード以下が残ったら、ワナの位置によって攻め方を変える

パー3では「刻む」という選択肢も考えてみる

最後に、パー3(ショートホール)の攻め方を見ていきましょう。まず大前提として覚えておきたいのが、「パー3は2打以内に乗せればいい」ということです。ほとんどすべての人が、パー3のティショットはグリーンを狙うものだと思い込んでいますが、そんなルールはどこにもありません。もし100を切れない人が距離も長く、グリーンまわりに池などがあるパー3で無理にグリーンを狙えば、スコアを崩す姿は目に見えています。パー3でも、基本はパー4やパー5と同じ。池、OB、林、バンカー、深い崖などのワナを避けつつ、2打以内でグリーンに乗せてどうにかパーパットを打つ。これが100を切るための戦略になるのです。

攻め方は距離によって変わります。8I以下で狙える距離の場合、パー4と同じようにグリーンセンターを狙います。ただし、短いパー3はグリーンまわりが難しくなっているケースが多いので、グリーン手前に池や深いバンカーがあるときは池越え、バンカー越えにならないラインを狙います(左にワナがあるときは右狙い、右にあるときは左狙い）。1番手大きめのクラブで、多少オーバーしてもいいと割り切って打ってください。

問題は、7I以上でないと届かないパー3です。この場合は、グリーンまわりのハザードが攻め方を決めます。ハザードもOBもなければ、グリーンセンターを狙い、多少曲がっても飛ばなくてもアプローチを頑張ればいいのですが、パー3の場合は、どうしてもバンカーや池などのワナがある場合が多いわけです。

大きな振りで打てる距離を残す

何度も言いますが、100を切るには、池やバンカーは徹底的に避け、できる限り池越え、バンカー越えのアプローチを残さないようにしなくてはいけません。グリーン手前にワナがあるときは、絶対に越える番手で打つか、その番手に自信がないときは、ワナに届かない番手で刻むようにします。また、左にワナがあるときには右、右にワナがあるときには左を狙い、絶対にそのワナに届かないクラブを持つことが大事です。

距離が長い場合やグリーンまわりに池やOBがある場合には、「どうしたら2打でグリーンに乗せられるか」を考えるようにしてください。

「ちょっと長くて、ワンオンの自信がないな」「グリーンまわりの池、OB、崖が怖いな」と感じたときには、距離を2等分してみるのもいいでしょう。たとえば、180ヤードであれば180÷2＝90ですから、90ヤードを2回打てばいいわけです。180ヤードを無理して打って曲げてしまうと難しいアプローチが残り、2オンできない可能性もありますし、それが池がらみのホールであれば大叩きする危険もあります。

その点、最初から「90ヤードを2回でいい」と考えられれば、2オンの確率はかなりアップするはずです。

グリーン手前に大きな池があってそれを越える自信がないときも、中途半端に20〜40ヤード手前に刻むと第2打を池に入れてしまう危険があります。その場合も、半分の距離を2回打つか、50〜60ヤードくらいのある程度大きな振り幅で打てる距離を残し、第2打を少し大きめに打つという作戦でいくといいでしょう。

パー3は2打以内に乗せれば大成功なのですから、自信のないときは絶対に無理をしないようにしてください。

パー3の攻め方

心得①

2打以内でグリーンに乗せる

心得②

8I以下で打てるときは グリーンセンター狙い

心得③

池、バンカーを絶対に越える番手か、絶対に届かない番手で打つ

心得④

池越え、バンカー越えのショットはできる限り打たない

心得⑤

難しいと感じたら、距離を2等分して考える

パー5は耐えに耐えて"大叩き"を回避する

次に、パー5（ロングホール）の戦略を紹介しましょう。パー5のテーマはズバリ、「我慢」です。とにかくワナにつかまらないように、大きなミスをしないように、耐えて耐えてグリーンに近づき、どうにか4打以内でグリーンに乗せることが目標になります。

基本的にプロや上級者の場合、「パー5はやさしい」「チャンスホールだ」と考えています。これは、短いパー5であれば2オンできる可能性もあるし、3打目をウェッジなどの短い番手で打てるからバーディをとりやすく、悪くてもパーで収めやすい。また一度や二度ミスをしても、パーがとれる可能性が高いからです。

ただし、これはある程度飛距離が出て、球が曲がらず、アプローチとパットに自信がある人の話。100を切れない人にとって、パー5というのはもっともスコアを崩しやすいホールだと言えるでしょう。

距離が長いということは、それだけたくさんの打数が必要になります。ところが、100を切れない人はショットが安定していないため、打数が多ければ多いほどミスショットが出る確率もアップしてしまう。100を切れない人にとって、パー5では耐えに耐えて、大叩きしないようにすることが求められるのです。

まず大切なのは、ナイスショットを求めないということ。100点満点のショットを求めると、それだけ大きなミスも出やすくなるからです。60〜70点のショットを続けて、4打以内にグリーンに乗せることを目標にしてください。

ティショットの考え方はパー4と同じ。飛ばなくてもいいから、フェアウェイもしくはラフに球を運び、次打をグリーン方向に打てればOKと考えます。「パー5は距離が長いから、ティショットは飛ばしておかなくては」と考える人が多いのですが、それこそが100点満点のショットを求めている証拠であり、スコアを崩す元凶です。

ティショットのテクニックは第3章で説明しますが、パー4、パー5のティショットは、池やOBなど、ペナルティのつくミスだけはしないようにすることが大切です。

「ほふく前進」でグリーンに近づいていく

パー5の第2打以降で意識するのは、池、バンカー、林、崖を避けながら、60〜70点くらいのショットを続けてグリーンに近づけていくことです。第1章で「必殺の2本」の話をしました。そのうちの1本（150ヤードを打つクラブ）の力を借り、ワナを避けながら、「ほふく前進」でグリーンに近づいていく。それがパー5の戦略になります。

たとえば、ティショットを打ったら、残りの距離を3で割ってみるのもいいでしょう。550ヤードのパー5で、ティショットが220ヤード飛んだら残りは330ヤード。「330÷3＝110」ですから、110を3回打てばグリーンに届く計算です。つまり、第2打も第3打も、110ヤード以上飛んでいれば、目標の4オンは十分可能。そう考えられるようになったら、難しいパー5もやさしく感じられるのではないでしょうか。

このとき、「コースを斜めに使うクセ」をつけると、大きなミスを避けることができます。具体的に言うと、持ち球がスライスの人であれば、常にフェアウェイ左サイドを狙って打っていくのです（フック系の人は常にフェアウェイ右サイドを狙う）。

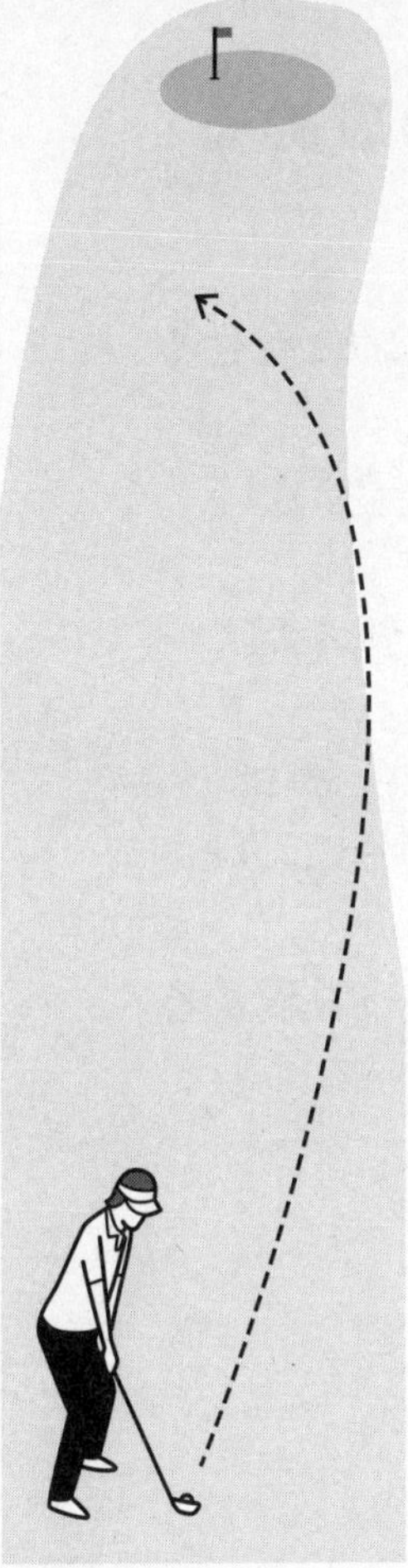

するとと、球が真っすぐ飛んだときには、フェアウェイ左サイドをとらえることができ、たとえ曲がったとしてもフェアウェイ真ん中、もしくは右サイド。悪くても、右のラフで球が止まるという攻め方ができるからです。

100を切れない人は、常にフェアウェイの真ん中を狙う傾向があります。でも、ショットが安定しない人がフェアウェイの真ん中を狙うと、球が曲がったとき左右の林やハザード、OBにつかまりやすくなるので注意してください。

この作戦で距離を稼いでグリーンが近づいてきたら、あとはパー4の攻め方と同じです。残り距離とグリーンまわりの状況によって、刻むか狙うかを決めましょう。

パー5はこう攻める

心得①

4打以内でグリーンに乗せる

心得②

ナイスショットは望まない

心得③

ワナを避けて距離を稼ぐ

心得④

ティショットを打ったら
残り距離を3で割ってみる

心得⑤

コースを斜めに使って攻める

第3章

〝思い込み〟を捨てれば ティショットは 9割上手くいく

右OBのホールでドライバーを持ってはいけない

さて、ホールごとの基本的な攻め方が理解できたら、次はショット別の具体的なテクニックを見ていくことにしましょう。まずはパー4、パー5のティショットです。ティグラウンドに立ったときまずチェックしたいのが、OB、池など、そこに打ってしまうとペナルティがつくハザードの位置。これらにつかまるとダブルボギー以上が確定してしまうので、絶対に避けなくてはならないからです。

また、深い崖に落としてしまったときも1打では戻って来られない恐れがあるので、これもOBや池と同様に注意する必要があります。

では、コース右サイドにワナがあるときはどう攻めるのか？　おそらく、100を切れない人の9割以上はスライサーで、球が右に飛ぶ、右に曲がる危険のある人です。したがって、右サイドのOBや池はもっともつかまりやすいワナだと言えるでしょう。

こんなときは、たとえ距離の長いパー4でも絶対にドライバーを持ってはいけません。なんとなく打てそうな気がしても絶対ダメ。100を切るまで、こうした状況でドライバーを持つのは我慢してください。ウッドなら5W以下、ハイブリッド（ユーティリティ）やアイアンなど、右のミスを100%避ける自信のあるクラブで打つのです。

「それでは距離が残ってしまう」と思うかもしれませんが、2打で100ヤード以内に運ぶことができれば、3オンのチャンスは十分あります。たとえば、400ヤードの長いパー4でも、150ヤードを2回打てば残り100ヤードまで持っていけるのです。

100を切れない人にもう一度思い出してほしいのは、パー4は3オンすればいいホールだということです。上級者に比べて初・中級者は、ティショットで刻むことをイヤがる傾向があります。ドライバーを使わないことをカッコ悪く感じるのかもしれませんが、スコアカードに使用したクラブを書く欄はありません。

見栄を張って叩くより、100を切るという目的を果たすために、確実にワナを避けるクラブでフェアウェイをキープする。そういう勇気を持っている人が上手くなるのです。

刻むときは6番アイアン以下で徹底的に

逆に、コース左サイドにワナがあって、右サイドが安全なときはどうでしょう。スライサーにとってはワナにはまる確率が低い状況ですから、ドライバーを打ってもかまわないでしょう。ただし、距離が長いからといって飛ばそうとしてはいけません。あくまで目標はフェアウェイキープ。練習場と同じリズムで打つように心がけてください。

とはいえ、フェアウェイの幅が狭いときや、右からの風が強いときなどは要注意。少しでも「怖いな」と感じたら、刻む勇気を持ってください。

また、100を切れない人の中にも、まれにフックに悩んでいる人がいます。この場合、スライサーとは考え方が逆になります。ワナが右にあるときはドライバーを使ってかまいませんが、ワナが左にあるときはドライバーをバッグにしまい、確実に右に打てるクラブでティショットしてください。

では、左右両方にワナがあるケースはどう攻めるのか？　こんなときでも、イチかバチかでドライバーを使ってはいけません。これは、シングルだって注意を払って刻む可能性の高い状況です。みなさんがドライバーでフェアウェイキープできる可能性が極めて低いとすれば、無理して攻めてもスコアを崩すことは目に見えています。

だから、当然ドライバーをやめて刻みます。それも中途半端にするのではなく、絶対にワナにつかまらないよう、徹底的に刻むのです。

ハイブリッド？　５番アイアン？　まだまだ甘い！　それらのクラブは、当たりが悪いと意外と曲がります。せっかく刻むことを決意したのに、それでワナにはまったら目も当てられません。フェアウェイの幅にもよりますが、６番アイアンや7番アイアン、８番アイアンで打ってもいいでしょう。

それはいくらなんでもカッコ悪い？　そんなことありません。無理して１１０叩くより、耐えて90台で回ったほうがカッコいいじゃありませんか！　もし、一緒に回っている人がからかってきたら、「だって、中井学がこうやれって言ってたんだ！」と僕のせいにすればいいのです。「そこまでやるか！」と同伴競技者に言わせたらあなたの勝ち。その先に、１００切りへの道が開けているのです。

ドライバーの安定度がグンと増す「かかしショット」

コースが広いとき、OBや池などのワナがないときにはドライバーの出番です。ただ、日によってショットが安定しないことが多いのも、100を切れない人の悩みでしょう。そんなときに試してもらいたいのが、超・幅狭スタンスでドライバーを打つ、その名も「かかしショット」です。え？ 名前がベタすぎる？ それなら超ナロースタンスショットでもかまいません。

ショットが安定しない日というのは、力みや飛ばそうという意識が原因で、体幹が左右にブレてしまっています。するとヘッド軌道もフェース向きも安定しない。だからショットが乱れてしまうのです。しかし、スタンス幅を狭くして（両足の外側が肩幅が目安）いれば体が左右にブレると立っていられないので、ムダな動きや力みを抑えることにつながるわけです。

ボール位置は右つま先の前。クラブを少し短く持って打つと、より安定しやすくなります。まずは、バランスを崩さない程度のスピードと振り幅で素振りをして、

超・幅狭スタンスでスイング

ショットが安定しないときには、スタンスを狭くして打つといい

本番でもなるべくそれと同じ力感でスイングします。

「そんなに軽く振ったら飛ばないんじゃないの？」と思うかもしれません。でも、この打ち方をするとミート率が上がるだけでなく、ヘッドが走りやすくなるので、意外と飛距離が出るのです。まずは、練習場で試してみて、自信をつけてから本番で使うようにすれば、よりミスを減らすことができるでしょう。

ミート率がよくなる「超短グリップショット」

ドライバーが乱れているときだけでなく、フェアウェイが狭いとき、風が強いときに試してもらいたいのが「超短グリップショット」です。

よく、「ショットが悪いときはクラブを短く持て」などと言われますが、少しくらい短く持っても効果は知れています。それなら右手がシャフトにかかるくらい、極端にクラブを短く持って打つのです。

クラブを短く持ってボールの近くに立てば、それだけ安心感が増してミート率も上がります。ドライバーが苦手だという人は、その長さを苦手にしているケースも多いもの。それを克服するという意味もあります。

また、クラブを短く持てば持つほど球が低くなりやすいのもメリット。第1章で説明しましたが、100を切るにはなるべく球を浮かさない、高く上げないことが大切です。それができれば、多少球が曲がっても林やOBまでは届かずにすむことが多くなります。

打ち方は簡単。クラブを極端に短く持ち、短く持った分だけ球に近づいて立ちます。スタンス幅をいつもより少し狭めにしたら、あとは普段通りスイングするだけです。短く持つと球が右に逃げやすくなるので、いつもより少し左を狙うようにしてください。

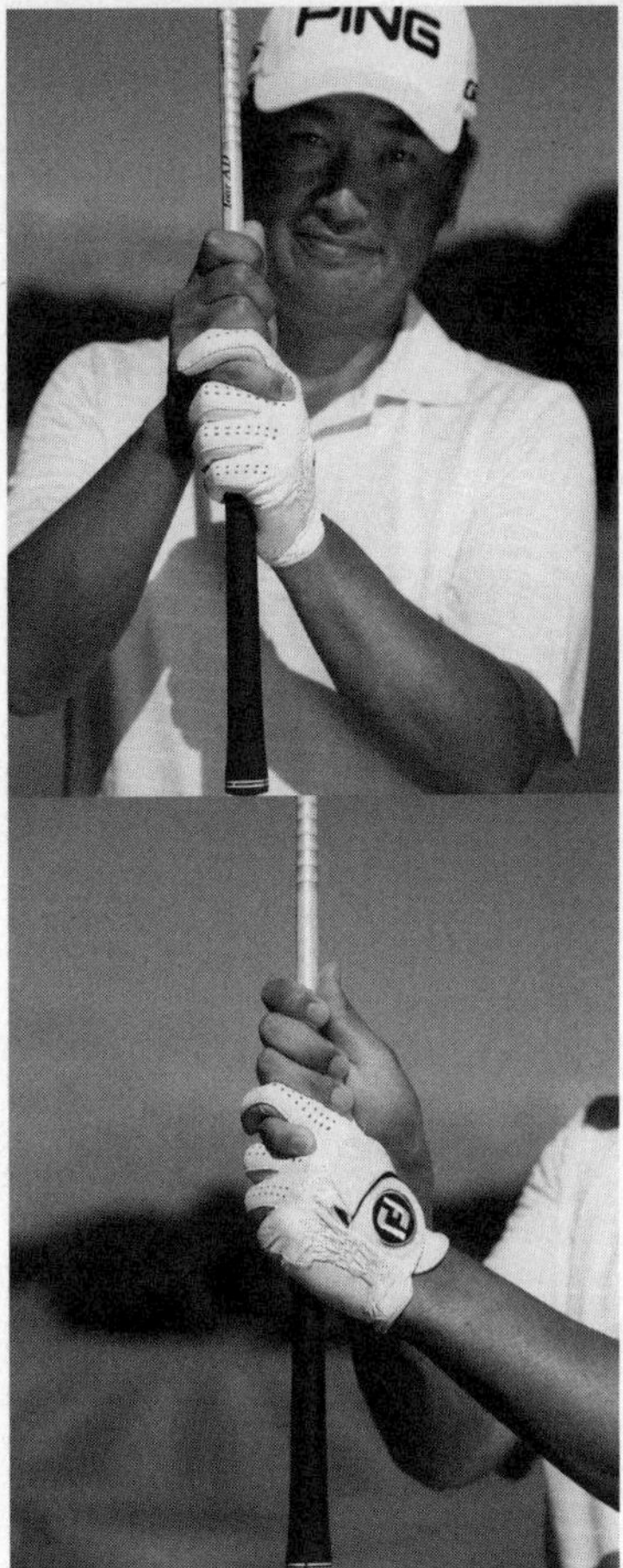

右手がシャフトにかかるくらい短く持つ

いつもよりボールに近づいて立ち。いつも通りにスイングする

ドライバー以外にティショットで打てるクラブをつくる

ここまで何度も説明してきたように、確実に100を切るためにはティショットのOBを絶対に避ける必要があります。それには、よほどドライバーが得意な人でない限り、ドライバー以外にティショットで使えるクラブをつくっておくといいでしょう。

5Wやハイブリッド（ユーティリティ）などのクラブが基本になると思いますが、アイアンより飛距離が出てドライバーより曲がらない（球がつかまる）自信がある。そのようなクラブが1本あれば理想的です。

右のOBが怖いとき、確実につかまる球が打てるクラブ。ウッド系が苦手な人であれば、ハイブリッド（ユーティリティ）などを入れておけば、ドライバーが怖い場面で役に立つでしょう。

練習によく行く人であれば、そのクラブでティアップした球を打つ練習もしておいてください。そういう経験をしておくことで、コースに出たときより自信を持ってティショットを打つことができるはずです。

「プレーイング4」を最大限に活用しよう

ティグラウンドに立ったとき、もうひとつチェックしてもらいたいのがプレーイング4の有無です。プレーイング4があるということは、ティショットをミスしたとき、第4打をかなり前から打つことが約束されているということです。これがあるとないとでは、スコアメイクに大きな差が出てきます。

100切りできない人がプレーイング4のないパー4でOBを打ってしまうと、そこからダブルボギーで上がれる確率はかなり低くなります。さらに、ミスをとり戻そうとして次打も失敗しやすくなるわけです。するとトリプルボギーどころかダブルパー、それ以上の大叩きになってしまう恐れがあるのです。

プレーイング4を活用すれば、第4打をグリーンが狙える位置から打つことができます。ということは、まだダブルボギーで収めるチャンスが残っているのです。

そう考えることができれば、プレーイング4のあるホールはほかより気楽に打てるはず。「OBを打っても前から打てる」と思えば、意外とOBは出ないものです。

また、ホールによってはプレーイング4がかなり有利な位置にあったりします。ティグラウンドから計算すると、280ヤード以上飛ばさないと届かないようなところにあるケースもしばしば。そんなホールでは、プレーイング4からプレーしたほうがスコアがよくなる可能性すらあるわけです。

そうであれば、極端な話、意識的にプレーイング4からプレーするのだってアリだと僕は思います。目いっぱい振り回して当たったらOK。OBでも、はるか彼方のプレーイング4から第4打を打てるのです。

ドライバーを思い切って振ってもいいのは、広くてOBのないホールと、プレーイング4のあるホールだけだと言ってもいいでしょう。

100を切れない人が100を切るには、見栄を張らずに使えるものはすべて使う。プレーイング4は精神的にも、戦略的にもフル活用することをおすすめします。

ミスショットが出なくなるボールの置き方

ティショットをミスする大きな原因のひとつに、ヘッドアップがあります。飛んでいくボールの行方が気になり、インパクト前に顔が上がってしまう……。これではクラブの軌道も狂いやすいし、ミスショットになるのは当たり前です。

これを避けるには、ボールに線やマークをつけておくのがいいでしょう。フェルトペンなどを使って点や丸、イラストなどを描いておくのです。このような記号や絵が描かれていると、人はそこを見てしまうもの。その結果、ヘッドアップを防ぐことができるというわけです。たかがそんなことでと思うかもしれませんが、これが意外と効果的。僕の生徒さんたちにも試してもらったのですが、確実にボールを見るようになったのです。

最近のボールには、方向性を出しやすいよう矢印がプリントされていることもあります。プロや上級者でもこれを利用する人は多いのですが、プリントされてあるものは意外と目に入りません。その点、自分で描いた不規則なマークや絵は、なぜかそこに視線がいってしまうものなのです。

また、マークをつけたボールをどう置くかでミスショットの確率を減らすこともできます。たとえば、①すくい打ちをする人はマークを左側（目標寄り）に、②テンプラが出る人はマークを右側（目標と反対側）に、③プッシュアウトを防ぎたいときはマークを体から遠いところに、④引っかけを防ぎたいときはマークを体の近いほうに向けておく。ちょっとしたことですが、それぞれのミスが出にくくなるので試してみてください。

①すくい打ちになってしまう場合

②テンプラが出る場合

③プッシュアウトを防ぎたいとき

④引っかけを防ぎたいとき

新品の高価なボールで自分にプレッシャーをかける

1日に何度もOBを打ってしまい、その罰打で100が切れない……。そのような人は、心のどこかで「OBを打っても仕方ない」と思っているはずです。

もちろん、その人は「そんなことはない！」と反論することでしょう。でも自分をしっかり見つめ直せば、「自分は下手だからOBは出るものだ」と思っていたり、「曲がるのは仕方ない」と思う気持ちがあったりするはずです。このような人がOBを減らすには、「絶対にOBを打ちたくない。いや、OBだけは打たない！」と強く思える状況をつくる必要があります。

そこでおすすめしたいのが、『新品高額ボール購入作戦』。つまり、1個800円くらいする高額なボールを買ってプレーするという作戦です。800円のボールが飛んでいってしまうと思えば、かなり裕福な人だって少しは気にします。まして普通のサラリーマンであれば、「OBだけは打ちたくない」と自然に思うはずです。そういう気持ちがあれば刻むことも躊躇なくできるはずですし、無茶振りすることもなくなるので、OBは確実に減らせるというわけです。

100を切れない人は、OBや池ポチャがよく出るという理由から安いボールを使いたがる傾向があります。しかし、それこそが、「OBを打っても仕方ない」「池に入っちゃってもしょうがない」という気持ちがある証拠です。

これは100を切れない人に限りません。僕の従弟《いとこ》のシングルも、「ここは池越えだから、汚いボールを使おうかな」などと言ったりします。僕は「そんなこと言ってるから、いつまでも片手シングルになれないんだ！」とからかうのですが、逃げ腰な姿勢が上達を妨げているのは事実なのです。

100を切りたいのであれば、池用、OB用の1袋いくらというロストボールや、ボロボロになったボールは使用禁止！　新品の高いボールを使って、絶対にOBや池ポチャをしない方法を考える。その気合いが、100の壁を破ることにつながるのです。

ちなみに、いくら高額で新品でも、もらったボールでは効果半減。この作戦は、自分のお小遣いでちゃんと買ってはじめて効力を発揮するのです。

ティショットの戦略

心得①

右にOBがあったらドライバーは持たない

心得②

調子の悪いときはスタンスを狭めにして打つ

心得③

極端に短く持って打つ練習をしておく

心得④

自信を持って刻めるクラブをつくる

心得⑤

プレーイング4は最大限に利用する

心得⑥

ボールにはマークを描いておく

心得⑦

新品の高いボールを使う

第4章

今のスイングでミスがなくなるアイアンショットの極意

100点満点のショットはいらない

さてここからは、セカンドショット以降の具体的な考え方、攻め方を見ていくことにしましょう。まずは、フェアウェイからの戦略です。

ここまで僕のアドバイスを実践していれば、予定通りティショットをフェアウェイに運ぶことができているはずです。ここで、これまでご紹介してきたグリーンに乗せるまでの攻め方を再確認しておきましょう。

まずはパー4ですが、残りが8I以下で打てる距離であればグリーンセンターを狙う。届くとは思うけど自信のない距離であれば徹底してハザードを避け、場合によっては刻む。そして、絶対に届かない距離であれば、確実に刻んで得意な距離を残します。

これに対して、パー5の場合はとにかくハザードを避け、ワナから逃げつつも確実に距離を稼いでいく。そういう意識でショットに臨むといいでしょう。

しかし100を切れない人にとっては、ここからがやさしくありません。せっかくいライから打てるというのに、大きくダフったりチョロをしたりして、計画通り攻略できないことが多いからです。

ではどう攻めるのか？　いちばんのポイントは、第1章で説明したように「球を浮かさないこと」にあります。「いい球（高く舞い上がるナイスショット）を打とう」という認識があるから、大きなミスをするのです。

大きなミスを避けるには、ハーフトップでもいいから低い球を打つようにして、確実に距離を稼いでいくことが大切です。

パー4は3打以内、パー5であれば、4打以内でグリーンに乗せるのが目標です。そのためには大きく曲がるミス、大きく飛距離をロスするミスを避け、大成功ではないけど失敗ではない、「そこそこのショット」を続けていく必要があります。

僕の100切り戦略には、100点満点のショットはいりません。一発目で「100点満点のショット」が出たとしても、次に「0〜20点のショット（OB、池ポチャ、チョロなど）」を打ってしまっては意味がないからです。

7割以上の距離が出ればいいと考える

100を切るには、「そこそこのショット」を続けていく必要があると言いました。これは、使ったクラブの7割の距離が出たショットだと考えてください。たとえば、7Iで150ヤード飛ぶ人であれば、「150×0・7＝105」ですから、7Iでは105ヤード以上の距離が出ればOKというわけです。

これはセカンドショットに限りません。100を切るには、常に持ったクラブの7割以上の距離を出すという意識を持つことが大切です。いつでも7割以上の距離を出していれば、確実にグリーンに近づくことができます。これは、100というスコアを切るために、とても重要なポイントなのです。

ところが、100を切れない人は常に使ったクラブの10割の距離を打とうとします。最大で150ヤードの距離が出るクラブを持ったら、150ヤード打つことしか考えない。でも、それじゃダメなんです。常に10割の距離を出そうとすれば、どうしても力みやすくなり、その結果ミスをして5割以下の距離しか出ないということとになるからです。

曲がらない人が上手いと考えがちですが、実は方向性のミスより、距離のミスが少ないほうが大切です。たとえば、シングルが150ヤード先のグリーンを狙う場合、ミスをして左右どちらかに20ヤード曲げることはあっても、20ヤードショートすることはほとんどありません。つまり、シングルというのは常に使ったクラブの9割以上の距離を出すことができる人たちなのです。

100を切るには、シングルほどの精度は必要ありません。常に7割以上の距離が出せればOKなのです。

「7割の距離でいいんだ」と思って打つと、力みがとれ、ナイスショットが出やすいという効果もあります。試しに、150ヤード飛ぶクラブを持ったとき、「100ヤード以上飛べばいいんだ」と自分に言い聞かせて打ってみてください。「150ヤードきっちり飛ばそう」としたときより、確実にいい球が出やすくなると思いますよ。

ハーフトップはOK。でもダフりは厳禁

大きく曲がるミス、大きく飛距離をロスするミスを避け、「そこそこのショット」を続ける秘訣。それは、ハーフトップめの低い球を打つことにあります。ハーフトップを打とうとすれば、トップしてゴロになることはあっても、大きくダフることはなくなります。これがとても大切なんです。

よく、「ダフり、トップに曲がりなし」などと言われますが、基本的にトップめの球は大きく曲がることがありません。さらに、同じミスでもダフりに比べて飛距離が落ちない。トップ目の球を打とうとすることで、大きく曲がるミスも、大きく飛距離をロスするミスも防ぐことができるのです。

また、ハーフトップを打とうとしていると、少しヘッドが深く入ったとき、びっくりするくらいのナイスショットが出たりします。大きなミスがなく、ナイスショットを打とうとしていないのにナイスショットが出る。100を切りたいゴルファーにとって、ハーフトップ作戦はいいことづくしなのです。

ハーフトップめの球を打つには、ターフをとらず、ヘッドで芝の葉先だけをこするようにスイングするのがポイントです。素振りをするときも、ヘッドで土を削らないように、葉先を「ササッ！」とこするようなイメージでスイングしてください。そして、実際に球を打つときも同じ感覚で打てば、打感が少し薄めの低い球が打てるはずです。

ハーフトップなんてカッコ悪いという人がいるかもしれませんが、プロや上級者は、そのメリットを知っています。

きっとあなたがハーフトップを打ち続けていたら、「コイツ、ゴルフを知ってるな！」と思われるはず。もし、それをからかう人がいたら、その人はゴルフをよく知らない残念な人なのです。

セカンド以降は「ハーフトップはＯＫ。でもダフりは厳禁」。１００を切りたいのであれば、この言葉を絶対に忘れないでください。

ヘッドを浮かせて構えることのすごい効果

前項で紹介したイメージではハーフトップが打てない。そんな人は、ヘッドをボールの上に浮かせて構えるといいでしょう。

ボールの手前をダフる人というのは、自分が思っているよりヘッドが下に落ちているわけです。ヘッドが手前に落ちる原因にはさまざまなことが考えられますが、それを解消するにはアドレスやボール位置、スイングを直す必要があるのでここでは紹介しません。要は、ヘッドが思っているところより下を通るのだから、それより少し上に構えておけばちょうどいい、というわけです。

実際にやってみるとわかりますが、写真のような状態で構えただけで、トップやハーフトップにはなっても、ダフりにはなりにくいことを実感できるはずです。これは、フェアウェイだけでなく、芝が薄いときやフェアウェイバンカー、ベアグラウンドなど、ダフりたくないときにも応用できるテクニックなので、ぜひ試してみてください。

ヘッドをボールの上に浮かせて構えると、ダフりにくくなる

いつでも飛距離を稼げる「ぶっつけショット」

パー4やパー5で残り200ヤード以上あるときは、確実に距離を稼ぎ、ボールをグリーンに近づけていく必要があります。そこで出番になるのが、第1章でお話しした「自信を持って150ヤードを打てるクラブ」です。理想を言えば、練習場で10回打って9回は150ヤード以上を打てる。そんなクラブをつくっておきたいところです。

とはいえ、「150ヤード確実に飛ばすなんて、けっこうハードルが高い」と感じてしまう人も多いと思います。そこで覚えてほしいのが、5W（クリーク）やハイブリッド（ユーティリティ）を使った「ぶっつけショット」です。

ぶっつけショットとは、ヘッドを上からぶっつけてフォローを抑えるショットのこと。これができると低いスライス系のライナーになって、ナイスショットの8割くらいの距離を出すことができます。打ち方は簡単。スタンスは肩幅でクラブを短く持ち、ボールをスタンスの真ん中に置いたら、ヘッドを上からぶっつけてフォローを抑えるだけ。

アイアンなどでこの打ち方をすると、ダフったときヘッドが地面に突き刺さり、全然飛ばないというミスになってしまいます。しかし、5Wやハイブリッドはソールが広いので多少ダフっても大きく飛距離が落ちる心配がないのです。

自信を持って150ヤードを打てるようになれば、2打で300ヤード先まで飛ばすことができます。これはすごいことです。ティショットを少しミスして180~200ヤードしか飛ばなかったとしても、3打で480~500ヤードは飛ばせる計算になるのですから。これだけ飛ばせれば、パー5を4打で乗せるのは簡単ですし、もしかしたら3打でパーオンしてしまうかもしれません。

ナイスショットを求めない

実際、僕が片手で100を切ったときは、スプーンやドライバーでこのぶっつけショットを多用していました。スプーンやドライバーは球が上がらないから安全だし、状況によっては180ヤードくらい飛ぶこともあったからです。

ただ、みなさんの場合はスプーンやドライバーでは球が上がらず、極端に距離が落ちてしまう危険があるので、5W（クリーク）か22度以上のハイブリッドがおすすめでしょう。

100を切れない人は、FWやハイブリッドを苦手にしている人も多いようです。「FWやハイブリッドって、上手く当たれば飛距離が出るけど、曲がるから苦手……」という声をよく聞きます。でも、それはフルスイングでナイスショットしようとするからなのです。自分では苦手だと思っているのに、カッコつけて大きく振り回し、ナイスショットを打とうとする。これでは上手くいかないのも当然です。

その点、ぶっつけショットは当てて終わりのスイングですから、目の覚めるようなナイスショットがない代わりに、大きく曲がったりチョロしたりするミスもありません。そこそこのショットで、確実に150ヤード以上を稼げるのです。

何度も言いますが、カッコつけない、球は浮かさない。これが100を切る心得です。FWやハイブリッドはぶっつけの低い球で距離を稼ぎ、アイアンはハーフトップめの低い球でミスを防ぐ。これが、セカンドショット以降の基本的な戦略なのです。

ぶっつけショット

ヘッドを上からぶつけて、フォローを抑えるだけ

傾斜地からの打ち方はたったひとつで大丈夫

よく、「練習場では上手く打てるけれど、コースに行くといい球が全然出ない」という話を聞きます。それは、コースに傾斜があることが大きな要因です。平らなライからはそこそこ打てるようになっても、地面の傾いたライになると、バランスがとりにくくなってミスが出やすくなる。だから、本番になると上手くいかないのです。

とはいえ、よほど平らなコースでない限り傾斜地からのショットを避けることはできないので、打ち方をしっかり覚えておく必要があります。

傾斜地には、大きく分けて4つの種類があります。目標方向に向かってアップヒルになる左足上がり、ダウンヒルになる左足下がり、そして、足元よりボールが高い位置にあるつま先上がり、足元よりボールが低い位置にあるつま先下がりの4つです。

ここで問題になるのが、4種類の傾斜があれば4種類の対処法があるということ。

ゴルフ雑誌を読んでも、ゴルフのレッスン書を読んでも、それぞれの打ち方が詳しく書かれています。しかし、100を切れない人が傾斜地の4つの打ち方を使い分けるのはなかなか難しいでしょう。「ただでさえ上手く打てないのに、4つも打ち方を覚えなくちゃいけないなんて……」。そんな声が聞こえてきそうです。

でも安心してください。中井流なら打ち方はひとつでOKです。

まず、スタンスをできるだけ広げる、超ワイドスタンスで構えます。ボール位置はスタンスの真ん中。あとは普通に打つだけです。どうですか？　簡単でしょう？

このようにスタンスを広げると、バランスがとりやすくなるだけでなく、スイング中に体がブレにくくなり、振り幅もコンパクトになるので、ミート率がアップするのです。

あえて注意するとしたら、左足上がりと左足下がりは傾斜に対して上半身を垂直にして構えること。そして、つま先上がりは傾斜がキツイほどクラブを短く持つこと。つま先下がりは傾斜がキツイほど両ひざを曲げて構えることです。これだけ守れば、ダフりやトップ、チョロのような大きなミスはなくなるでしょう。

左足上がり

傾斜に対して上体を垂直に構え、傾斜に沿ってクラブを振る

左足下がり

傾斜に対して上体を垂直に構え、傾斜に沿って低い球をイメージして打つ

つま先上がり

傾斜がキツイほどクラブを短く持って打つ

つま先下がり

傾斜がキツイほど両ひざを曲げ、重心を落として打つ

セミラフは7I以下、深いラフはPW以下で打つ

運悪く、ボールがラフに入ってしまったとします。冬の枯れた芝であれば、フェアウェイより簡単に打てるケースも多いのですが、夏のラフとなるとそうはいきません。夏のラフの抵抗は、みなさんが思っているよりはるかに厳しいもの。なめてかかると、痛い目にあうので注意しなければなりません。

経験がある方も多いと思いますが、ラフからミスするとほとんど距離の出ないチョロになったりします。さらに、それをとり返そうと力んで打ってまたミスする。そんなゴルフをしていたら、スコアがまとまるはずがありません。

では、なぜこういうミスが出てしまうのでしょう？　それは、みなさんが残り距離だけでクラブを選んでいるからです。

たとえば、ピンまで残り170ヤードで、練習場であれば5Iで届く距離だとしましょう。でも、ラフが深いときに5Iを持ったりしたら、打つ前からミスが約束

されているようなものです。

基本的に、長いクラブ（ロフトのないクラブ）ほどラフの抵抗は大きくなります。また、低い球ほど芝の葉に当たる度合いが大きくなるので、ラフの影響を受けやすいのです。ラフが深いときに長い番手を持つのは自殺行為。ラフが深ければ深いほど短い番手を使い、打ち出し角度を高くする必要があるのです。

残り距離でクラブを選ばない

ラフにつかまったときは、ラフの深さに合わせてクラブを選ぶというクセをつけるのが大切です。浅いラフ（ボールが半分以上出ている）なら7I以下、深いラフ（ボールの高さより葉が上に伸びている）ならPW以下が目安。たとえ200ヤード以上残っていても、300ヤード以上残っていても、フェアウェイであればグリーンに届く距離であっても、ラフからはそれ以上長い番手を使ってはいけません。

「300ヤード残っていてもPWで打つの？」って思った方がいるかもしれません。そうです。打つんです。夏のラフは、林やフェアウェイバンカーなどと同じように、必ず一発で脱出し、フェアウェイに戻しておくことが肝心です。

そこで無理をして長いクラブを持ってチョロしたら、100を切る可能性は限りなく低くなってしまいます。

ちなみに、僕が片手で100を切ったときには、浅いラフに入ったときは7I、深めのラフのときは9I以下、芝の根本まで沈んでいるときはSWを使って、確実にフェアウェイに戻し、そこからグリーンを狙うという作戦をとっていました。

距離が欲しいときに9IやSWで脱出するのは勇気がいることかもしれませんが、その勇気がトータルで見て重要なのです。

ボールが半分以上出ている→７ Ｉ以下で打つ

ボールの高さより葉が長い→ＰＷ以下で打つ

ラフでは上から打ち込んではいけない

よく、「ラフはどうやって打つんですか?」と聞かれますが、100を切ることが目的であれば、特別な打ち方は必要ないと僕は思います。

浅いラフならフェアウェイと同じ感覚で打てばいいし、深いラフからPWで脱出するのなら傾斜地と同じようにスタンスを超ワイドにして、ボールをスタンスの真ん中に置いて打てばOKです。

注意したいのは、あまり上から打ち込もうとしないこと。ボールがラフの中に入っていると、ボールだけを打とうとして必要以上にヘッドを上から入れる人がいます。しかし、よほど深いラフの根っこまでボールが沈んでいない限り、フェアウェイと同じようにボールの高さを振って、ボールを横からとらえるのが基本です。

これにはいくつかの理由があります。まず、上から打ち込むほどラフの抵抗は強くなります。すると、インパクトでフェースが被って左に引っかけやすくなるだけでなく、球が浮かずにラフから脱出できないということになりやすいのです。

また、深いラフに入った場合、意外と球は浮いているもの。これを上から打ち込んでしまうとフェースの上のほうに当たり、まったく距離の出ないショットになったりするのです。高くティアップした球をダウンブローで打とうとすると、テンプラになってしまいますよね？　あれと同じです。

ラフに入ったら、どんなに上手い人が打ってもボールだけをとらえることはできません。ボールだけを打とうとするのではなく、ボールの前後にある芝ごと払って打つようにするのです。この感覚がつかめたら、夏ラフからのショットは怖くなくなるでしょう。

PING

PING

浅いラフからのショット

フェアウェイと同じように、ハーフトップでもいいと思って打つ

深いラフからのショット

傾斜地と同じように、ワイドスタンスでボールを真ん中に置いて打つ

フェアウェイバンカーからは脱出が最優先

さて、ここからはフェアウェイバンカーに入ったときの対処法を紹介しましょう。

フェアウェイバンカーに入ったら、一発で脱出することがいちばん大切です。そして、もしナイスショットが出たら届く距離であっても、基本的にグリーンは狙いません。フェアウェイに戻すことに徹してください。

もちろん、8I以下で打てて、グリーンの手前にハザードがなく、花道が広いときにはグリーンに向かって打ってもかまいません。でも、そういう状況はほとんどないでしょうし、100を切れない人がフェアウェイバンカーからナイスショットする確率は、それほど高くないはずです。そうであれば、はじめからミスを前提にして、思ったより飛ばなくてもフェアウェイにだけは戻しておく。そういう攻め方をするのが正解です。

そこでミスをして、もう一度バンカーの中から打つことだけは絶対に避けてください。芝からのショットとは違い、砂の上にあるボールはヘッドが少し手前に入っ

これ以上沈んでいたら、ＳＷのエクスプロージョンショットで脱出を心がける

ただけでまったく飛ばなくなってしまいます。「ザクッ!」と砂に突き刺さり、ボールがちょんとしか飛ばないあの感触……。想像しただけでもイヤなものです。

では、具体的にどうしたらいいのでしょうか？

まず、フェアウェイバンカーに入ったら、ボールのライを見ます。そして、ボールが少しでも沈んでいたらＳＷを使い、「目玉用エクスプロージョンショット」（打ち方は１４８ページ）で確実に脱出を心がけてください。

１００を切れない人はこういうときに無理をしがちですが、球が浮いていたってフェアウェイバンカーは難しいのですから、沈んでいたら絶対に無理はしません。ここを我慢できるかどうかが、１００切りと１００オーバーを分けるのです。

フェアウェイバンカーから狙っていい条件

ライがよく、球が浮いていたら、次に見てほしいのがアゴの高さです。これがほとんどないときは距離を出すこともできるのですが、アゴが20センチ以上あるときは、絶対にアゴを越える番手で打つようにします。

100が切れない人は、どんな状況でも残り距離を基準に番手を選ぶ傾向があります。たとえば、160ヤード残っていたらアゴが高くても無理をして6Iで打ってしまうのです。そしてアゴにつかまり、もう一度バンカーから打たなくてはならなくなり、そうしているうちにスコアを崩してしまう……。

このような悪循環に陥らないためにも、アゴの高さが30センチ以上あるときには、たとえグリーンまで距離が長くても8I以下で打つようにします。さらに、「8Iだったら越えられるかなぁ」と思ったら9I、「PWならどうにか越えられるか」と思ったらAW（PS）やSWで打つなど少し保険をかけて、絶対にアゴをクリアするようにしてください。短い番手で刻むのは距離が残るので抵抗があるかもしれませんが、これも100を切るという大目標のためなので我慢しましょう。

ライがよく、アゴも低く、ショートアイアンで打てるようなときには、グリーン手前にワナがないかチェックします。もし、何もなければグリーンセンターを狙って打っていってもいいでしょう。基本的に、フェアウェイバンカーからのショットは、ナイスショットをしたとしても普段より距離が出ません。ですから、グリーンに打っていくときは、1~2番手大きめのクラブで打っていくといいでしょう。

しかし、いくらライがよくても距離が短くても、グリーン手前にバンカーや池、入れてはいけないワナがあるときにはそれに届かない番手で打ち、池越え、バンカー越えが残らない位置に運んで、次打でグリーンを狙うようにしてください。

刻むときも、狙うときも、打ち方の基本は傾斜地と同じです。超ワイドスタンスで構えたら、ボールをスタンスの真ん中に置いて打ちます。ただ、ダフりのミスは絶対に避けたいので、フェアウェイからハーフトップを打つときと同じように、ボールの上にヘッドを浮かせて構え、そこからスイングして打つようにするといいでしょう。

打ち方は傾斜地と同じ

最後に、パー5の第2打など、同じフェアウェイバンカーでも、グリーンまで距離があって、少しでも距離を稼ぎたいケースの説明をしましょう。こんなときいちばんおすすめしたいのは、ＦＷやハイブリッドなど、ソールの広いクラブで打つことです。

先ほどのアイアンと同じように、スタンスをできるだけ広くしたら、ボールをスタンスの真ん中に置いて打ってみましょう。

これらのクラブはソールが広いため、アイアンのようにヘッドが砂に突き刺さる心配がありません。だから、少しくらいダフってもバンカーから脱出できる可能性は高いのです。ナイスショットすればフェアウェイの9割程度、多少ダフってもフェアウェイの6～8割くらいの飛距離が稼げるはずです。

ただし、ＦＷやハイブリッドは球が高く上がらないので、このワザが使えるのはアゴの低いときだけ。アゴが30センチ以上あるときなどは、大事をとって8Ｉ以下で打つようにしてください。

スタンスをできるだけ広くして、ボールを真ん中に置いて打つ

林からは低い球を使って脱出する

林に入ったときの考え方も覚えておきましょう。林に入ったときにも、まずは一発で脱出することを考えます。その際、フェアウェイに戻るのが理想ですが、ラフや傾斜地でもグリーン方向に打っていけるところに脱出できればよしとします。狙うべきは、10球打って10球通す自信のある空間です。もしそれがない場合は、木と木の間がいちばん広く開いているところを狙っていきます。いくらグリーン方向に空間があったとしても、それが狭いときは絶対に狙ってはいけません。

また前項と同様、球を上げるとミスになりやすいので、できるだけゴロやライナーで脱出するようにしてください。そのために、まずはパターで脱出できないかを考えます。それが無理なようであれば、FWやハイブリッドを右手がシャフトにかかるくらい短く持って打つといいでしょう。

100切りできない人の場合、低く打つつもりが間違って球が上がってしまうことがありますが、FWやハイブリッドを使うのであればそのようなミスが絶対にないからです。

ただし、木の根っこなどが張り出していて、低いゴロが打てない場合には、少し球を上げる必要が出てきます。それでも通常のショットのような高い球ではなく、腰の高さより低いライナーをイメージするようにしてください。使用クラブは7I。スタンスを狭めてクラブを短く持ったらボールを右足前に置き、「ぶっつけショット」の要領でフォローを抑えるようにすると、低いライナーを打つことができるでしょう。

林から脱出するときに注意したいのは、「飛びすぎ」のミス。せっかくまわりの木を避けて脱出できたとしても、飛ばしすぎて向こう側の林に入れてしまっては意味がありません。低いゴロや低いライナーは、慣れていないと思ったより遠くまで飛びやすいものです。

このようなミスを避けるためには、残念ながら練習するしかありません。練習場に行ったら2球でも3球でもいいから、林の中のショットをイメージして、ゴロやライナーを打つようにしてみてください。

林からＦＷ、ハイブリッドを使って出す

ボールを体の真ん中に置いたら、クラブを極端に短く持って上からぶつけ、フォローを抑える

林から7Ｉのライナーで出す

スタンスは狭め。右足前に球を置いたら、クラブを短く持ってぶつける

障害物は下を抜いて〝大ケガ〟を避ける

実戦の中では、ボールとグリーンの間に大きな木などがあって、それを避けなくてはいけないという状況に陥ることがあります。そんなとき、プロや上級者はインテンショナルフック&スライスで障害物を避けグリーンを狙っていくのですが、100を切りたいみなさんがそんな難しいことをやってはいけません。

上手い人がやっていることはマネしたくなるものですが、100を切るまでは少し我慢。あくまでスコアメイクに徹してください。

ライン上に障害物があるときにまず考えるべきは、「上は抜かない」ということです。たとえ空中にスペースがありグリーンに乗る可能性があったとしても、そこを狙ってはいけません。その障害物の左右を低い球で抜くことだけを考えるようにするのです。

これにはいくつかの理由があります。まず、ショットが安定しない人は、自分の弾道の高さがあまり鮮明にイメージできていません。

つまり「このくらいは上がるだろう」と思っても上がらなかったり、上がりすぎて空中の障害物につかまったりしやすいのです。

高い球でこのような障害物に当たると、次打でもその障害物が邪魔になったり、その木の中に球が止まったりして、大崩れにつながる危険もあります。

その点、低い球は高い球に比べて方向性が出しやすいため、障害物に当たりにくい。そして、障害物の左右を抜こうとすれば、仮に当たっても、その左右に跳ねるのでケガの度合いが少なくてすむのです。

低い球を打つのは簡単。ハイブリッドや5Iを短く持ち、90ページでやった「ぶっつけショット」の要領で打てばOKです。このような状況に出あったら、基本的にグリーンを狙うのは断念し、次打でグリーンを狙いやすいように、フェアウェイのバンカー越え、池越えにならないところに運ぶようにしてください。

このような状況では、障害物の上ではなく下を抜くことを考える

第5章

苦手意識がすっきりなくなるアプローチ&パッティング

50ヤード以内は確実に乗せる

この章では、グリーンまで50ヤード以内のアプローチとパッティングについてお話ししていきます。よく、「スコアをアップさせたかったら、アプローチとパターを磨け」などと言われますが、これは動かしがたい事実です。どんなにショットがよくても、アプローチとパットが苦手な人はスコアをまとめることができないからです。

もちろん、100を切るのが目的であれば、シングルのようにアプローチをワンピン以内に寄せたり、ロングパットの距離感をピッタリ合わせたり、入れごろのバーディパットを沈めたりする高度な技術は必要ありません。

でも、50ヤード以内はどうにかグリーンに乗せるか、悪くても次打をパターで打てる状況に持っていくことが大切。そして、1メートルのあまり曲がらないパットを外さない技術は身につけておきたいものです。

ここまで、「パー4は3打で乗せればいい」と言ってきましたが、それは3打目が確実にグリーンに乗ることが前提になります。グリーン手前のバンカーを避けようとして手前に刻んだとしても、それをザックリしてしまったら元も子もありません。50ヤード以内は乗るという自信があるからこそ、グリーンを50ヤードショートしても大丈夫だと考えられる。この余裕が、100を切るためにはとても重要なのです。

僕が片手だけで100を切ることができたのも、50ヤード以内を確実に乗せる技術があったことが大きな支えだったことは間違いありません。もちろん、両手で打ったときのように思い通りにはいきませんでしたが、悪くてもグリーンに乗せることはできた。だから曲がっても、飛ばなくても100を切れたのです。

もちろん、たまにはミスをしたってOKです。でも、コンスタントに100を切るためには、グリーンまで50ヤード以内は確実に乗せるという自信と技術を身につける必要があります。この本のはじめで「練習はそれほどしなくてもいい」と言いましたが、アプローチとパターの練習だけは、ほんの少しでいいからやってもらいたいのです。

20～40ヤードのアプローチはなるべく残さない

ショットにしてもパットにしても、距離が長いよりは短いほうがやさしいものです。「いやいや、ロングパットよりショートパットのほうがしびれる」という人がいるかもしれませんが、それでも10メートルよりは1メートルのほうがカップインの確率は高いはずです。ただアプローチに関しては、この「短いほうがやさしい」という定義は当てはまりません。みなさんもそうだと思いますが、残り20～40ヤードのアプローチより、50～60ヤードのアプローチのほうがやさしいのです。

これは、振り幅やスピン量が大きく影響しています。20～40ヤードだと振り幅が小さいので、球を強く打つことができません。とくに、ライの悪いときなどはしっかり打ちたくても打てない。すると、無意識のうちに力が入ったり、リズムが崩れたりしてミスになってしまう……。また、振り幅が小さいということは、ヘッドスピードが遅いということです。すると、スピン量が減って球が止まりにくく、思ったところに球を止めにくい。だから、難しく感じてしまうのです。

これはアマチュアに限ったことではありません。プロでも、20～40ヤードという距離は難しく感じる距離です。もちろん、アマチュアのようにそれが苦手という人はいません。でも、20～40ヤードという距離は、50～60ヤードという距離に比べて微妙なコントロールがしにくいのです。ですから、プロの場合は、この距離を残さないように攻めていきます。20～40ヤードのアプローチが残りそうな状況だったら、もう少し近づけるか、その手前に刻むようにするのです。

これは、みなさんにもマネしてもらいたいポイントです。グリーンまでの距離が長く、グリーンをとらえるのが難しいときは、残り20ヤード以内までは頑張って届かせる。グリーン手前に池があって、その手前に刻まなくてはいけないときには、20～40ヤードを残すより50～60ヤードを残す。

そういうところに気を使えるようになると、100というスコアを安定して切れるようになるのです。

自信を持って打てる距離をつくる

いくら20～30ヤードを残さないよう気をつけても、その距離が残ってしまうことがあります。そのときのために、30ヤード前後に自信を持って打てる距離をつくっておくといいでしょう。それを見つけることができれば、30ヤード前後のグリーンオン率は大きくアップするはずです。

たとえば、「20ヤードキャリーして、ランが5~8ヤード転がる球」が得意な人がいたとします。するとと、図①~③のような状況はすべて、その球でグリーンに乗せることができるわけです。もちろん、①の場合は10ヤードショートしますし、②の場合は10ヤードオーバーします。③の場合は、手前のラフから転がし上げるので、グリーンに乗っただけかもしれません。でも、そんなことを気にする必要はありません。大事なのは、確実にグリーンに乗せておくことなのですから。

30ヤードキャリーする球が得意な人の場合も、基本的な考え方は同じです。20~40ヤード残ったときには、すべてその球で攻める。距離が長ければショートして短ければオーバーしますが、グリーンにだけはどうにか乗せておくことができるのです。

図①

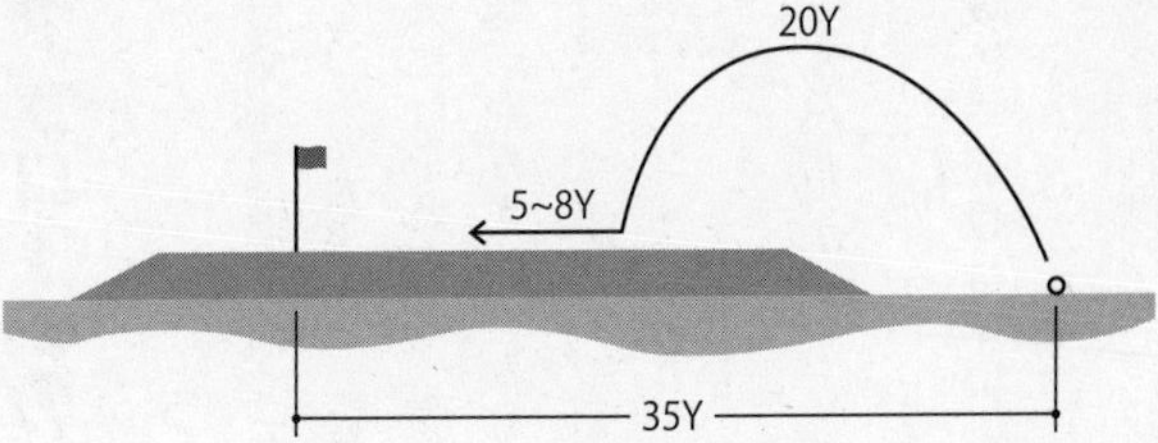

図②

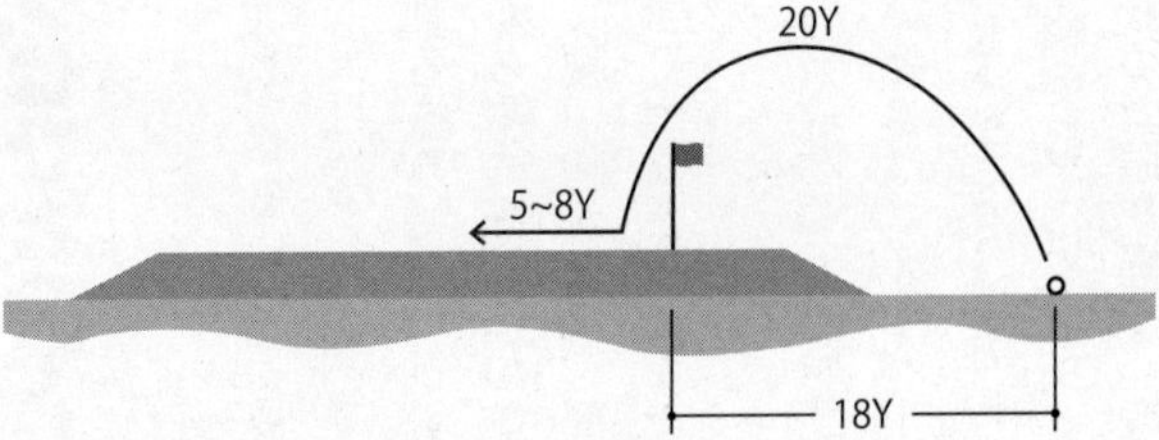

図③

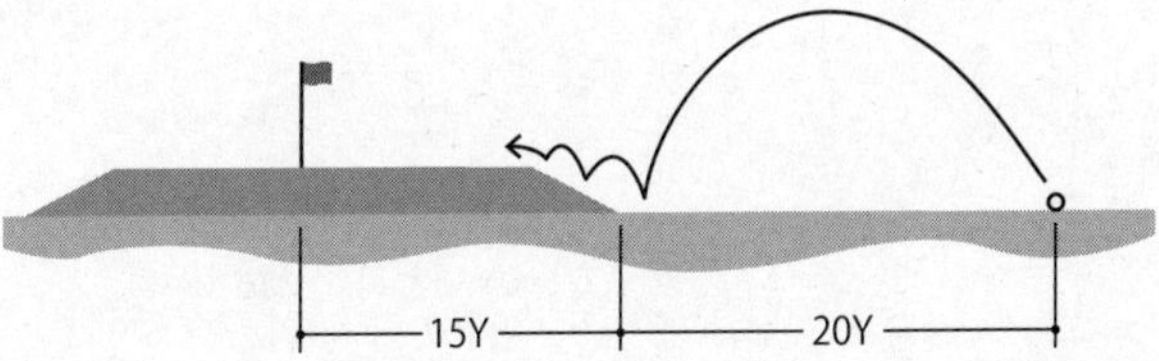

アプローチのスイングはひとつでいい

自分が自信を持って打てる距離をつくるには、自分がスイングしやすい振り幅（トップの大きさ）を見つけておくといいでしょう。

人にはそれぞれ、気持ちよく振れる振り幅というものがあります。腰から腰の振り幅がやりやすい人もいれば、肩から肩の振り幅のほうが簡単だという人もいるでしょう。ですから、練習場で腰から腰、胸から胸、肩から肩の振り幅で打ってみて、いちばんスイングしやすい振り幅で打ったときのキャリーの距離をチェックするのです。

それがわかったら、その前後の距離はその振り幅で打ち、少し長いときは「ショートしてもいいや」、少し短いときは「オーバーしてもいいや」というつもりで攻めていけばいいのです。それじゃあ物足りないという人は、ＳＷ、ＡＷ（ＰＳ）、ＰＷの3本を使って同じ振り幅で打てば、３つの距離が打ち分けられるはず。

そうすればひとつの打ち方、ひとつの振り幅で、難しい残り20〜40ヤードからで

腰から腰のスイング

自分がいちばんスイングしやすいアプローチの振り幅を見つけよう

もグリーンに乗せることができるでしょう。

20〜40ヤードのアプローチでは、ピンに寄せることよりグリーンに乗せることが大切です。だから、ピンポジションが難しいときは、ピンを狙わない勇気も必要になります。たとえば、池やバンカーがあるときは、池越え、バンカー越えにならないように打つ。ピンが極端に左右に振られているとき、グリーンの奥行きがないときには、グリーンセンター寄りの広いところを狙うなど、確実にグリーンに乗せるルートを使って攻めるようにしてください。

とりあえずパターで寄せられないか考えてみる

さて、グリーンまで残り20ヤード以内にやってきました。グリーンはもう目の前、ピンもすぐそこです。ここでいちばんやってはいけないのが、グリーンをオーバーするというミス。グリーンをオーバーすれば下りのアプローチが残り、そこからまた大きくオーバーしやすい……。これではスコアがまとまるはずがありません。

ところが、100を切れない人を見ていると、この「往復ビンタ」のミスでスコアを崩している人がとても多いのです。

グリーンまで20ヤード以内に入ったら、たとえピンに寄らなかったとしても、グリーンには絶対に乗せなくてはいけません。そして、できればピンを少しショートして、上りのやさしいラインを残します。そうすれば3パットの数は減り、スコアは縮んで100の壁を破ることができるのです。

そのためには、球が飛びすぎない技術を使って寄せるか、必要以上に球を飛ばさない技術を身につける必要があります。それができればグリーンを確実にとらえつつ、ショートのミスはあっても、オーバーのミスがない攻め方ができるからです。

そこでまず考えるべきなのは、「パターで打てないか」ということです。僕が片手で100を切ったときには、とにかくアプローチにパターを多用しました。だって、パターは片手でも空振りすることがないし、難しいライでもザックリすることがありません。どんなにミスをしても、グリーンに乗せることはできるからです。

ラフからでも使ってほしい

アプローチの苦手な人だったら、グリーンまで残り20ヤード以内、いや30ヤード以内は全部パターでもいいと僕は思います(もちろん、ボールとグリーンの間に池やバンカーがないことが条件ですが……)。

このように書くと、「さすがにラフからは無理でしょう」という人がいます。そこで、アマチュアの人たちと一緒に、残り30ヤードの浅いラフからSWとパターでアプローチしてみました。

すると、SWで打つとときどきザックリしてしまう人も、パターを使うと確実にグリーンに乗せることができました。そして僕もみなさんも、ピンにピッタリとはいかないまでも、そこそこの距離に寄せることができたのです。

たしかに、パターでアプローチしたことがない人にグリーンの外から打たせると、はじめはタッチが合わないこともあります。

でも、続けていくと花道でも砲台でもラフでも逆目でも、なんとなくタッチが出るようになるものです。パターのアプローチは「習うより慣れろ」。たくさんやればやるほど、さまざまな状況から寄せられるようになります。

グリーンまで20ヤード以内のアプローチが残ったら、まずはパターが使えないか考えてください。そして、「パターで打つほうが、ほかのクラブで打つより難しい」と感じたとき以外はパターで打つ。

100を切るためには、そういうクセをつけることが大切です。

さまざまな状況からパターを使ってみよう

パターのストロークで球を上げるアプローチ

パターのアプローチは、慣れてくるとさまざまなシチュエーションから寄せることができます。ただ、ボールとグリーンの間に深いラフ、バンカー、スプリンクラーなどがあって、どうしてもそれを越さなければいけないときなどは、少しだけ球を上げる技術が必要になります。

そんなとき、プロのようにＳＷを使ってアプローチしたくなる人が多いと思いますが、ＳＷというクラブはロフトが寝ているため、リーディングエッジをキレイにボールに入れるのが難しいのです。そのため、球を上げようとするとトップになったり、それをイヤがってザックリなどのミスが出やすいのです。

トップが出ればグリーンオーバーするし、ザックリが出ればもう一度同じところから打たなくてはいけません。１００をコンスタントに切れるようになるまでは、グリーンまわりの短いアプローチにＳＷを使わないほうがいいのです。

その代わりに使うのが8IとPWで、これをパターと同じストロークで打つのです。スタンスは狭め、ボールをスタンスの真ん中に置いたら、ボールに近づいて立ち（ボールと足との間は靴半分程度）、クラブヘッドのヒールを浮かせて構えるのがポイント。あとは自分のパッティングと同じストロークをして、フェースのトウ寄りでボールを打てば、ふわっと浮いてあまり転がらない球が打てるはずです。

球を上げようとすると、どうしてもトップやダフりになりやすいもの。しかし、このような打ち方をすると、ストローク中のフェースの開閉がない分、普通のピッチエンドランに比べて強い球が出ることがなく、トップしても打ちすぎるミスが出ません。

また、ヒールを浮かせて接地面積を減らしているため、少しくらいダフっても地面の抵抗が少なく、ザックリにならないというメリットもあるのです。

アプローチには飛ばさない技術が大切だと言いましたが、このテクニックはまさに飛びすぎるミスがありません。その分しっかり打っていけるので、おすすめのテクニックです。

自分のパッティングストロークと
同じ感覚でストローク

ふわっと上がって、転がらない球になる

ボールに近づいて立ち、ヒールを浮かせる

スタンスは狭め。ボールは真ん中

フェースのトウ寄りで打つと

キャリーとランの比率を理解する

基本的に、フェアウェイよりラフのほうがスピンがかかりにくいため、ランが出やすくなります（転がる距離が長くなる）。そこで、アプローチをするときもそれを計算に入れて番手を選び、落とし所を変える必要があります。

前ページで紹介したアプローチで言えば、フェアウェイであれば8I、ラフであればPWを使うのが目安です。

そして、フェアウェイや花道から8Iを使うときは、「キャリー3：ラン7」くらいの球をイメージして落とし所を決めます。

これに対して、ラフからPWを使うときは「キャリー5：ラン5」くらいの球をイメージして、ピンとボールの真ん中あたりにボールを落とすといいでしょう。

このような狙い方をすると、上りであればピンの少し手前、下りであればピンを少しオーバーさせて、上りのパッティングを残すことができます。

第1章でお話しした通り、（手前から打つときは）できるだけカップをオーバー

８Ｉでは「キャリー３：ラン７」、ＰＷでは「キャリー５：ラン５」になる。ライやピンポジションで使い分けよう

させないようにして、上りのやさしいラインを残すことが大切です。そういうクセをつけることで、より安定して１００を切ることができるようになるのです。

バンカーの打ち方で注意すべき点はたった2つ

100を切りたかったら、グリーンまわりのバンカーは徹底して避けることが大切です。バンカーがグリーン手前にあるときは大きめに打ち、右にあるなら左狙い、左にあるなら右狙いが基本になります。ただ、いつも狙った通りに打てるわけでないことは承知しています。細心の注意を払っても、バンカーにつかまってしまうことはあるわけです。そんなときのために、一発でバンカーから脱出できる方法を身につけておきましょう。

バンカーの苦手な人に話を聞くと、「バンカーってどうやって打ったらいいかわからない」「レッスン書を読むといろいろ書いてあるんだけど、なんだか難しそうで……」という声が多いようです。たしかに、「バンカーはフェースを開いて、オープンスタンスにしたら、アウトサイドインに振って、ヘッドをボールの3～4センチ手前に入れる」などと複雑なことを言われたら、拒絶反応を起こしてしまう人もいるでしょう。

80Y　　バンカー

左の80ヤードの構えはハンドファーストだが、右のバンカーの構えはシャフトが地面と垂直になっている

でもご安心ください。中井流はとっても簡単。フェースも開かず、スクエアスタンスで真っすぐ振るだけ。通常のショットと違うのはボールの位置と、ヘッドをボールの手前に入れるということだけです。

上の写真を見てください。左がSWで80ヤードを打つ構え。右がバンカーショットの構えです。見比べてもらうと、通常の構えではシャフトが傾き、ボールより手元が前に出たハンドファーストの状態になっています。それに対して、バンカーショットの構えでは通常よりボールが左（目標寄り）に置かれて、シャフトが地面に対して垂直になっているのがわかると思います。

ヘッドを入れる位置は気にしなくてOK

この構えができたら、あとはいつもと同じスイング（フルスイングでもＯＫ）で、ヘッドをボールの手前に入れるだけ。そうすれば、よほどライが悪くない限り、バンカーからは一発で脱出できるでしょう。え？　ヘッドをボールのどれくらい手前に入れるかって？　そんなに難しく考える必要はありません。だいたいでいいのです。この構えさえできていれば、３センチ手前でも10センチ手前でも十分に脱出できるからです。

このようにシャフトを地面と垂直にして構えると、フェースを開いたのと同じ状態になります。すると、ヘッドをボールの手前に入れてもヘッドが砂にもぐらず、砂と一緒にボールを飛ばしてくれるのです。

実際に打つときには、まずシャフトが地面と垂直になる（自分から見て、シャフトが真っすぐ見える）構えをつくり、その状態が崩れない場所にボールを置くといいでしょう。ボールを左に置いて打つのは最初は違和感があるかもしれませんが、これができるようになるとバンカーはとても簡単になるので、ぜひ試してみてください。

アドレスを変えたら、スイングはいつもと同じでOK

深いラフからはバンカーと同じ打ち方で脱出する

ハンドファーストに構えないバンカーショットを覚えておくと、深いラフにボールが沈んだときにも応用が利くようになります。深いラフにすっぽりボールが沈んでしまうと、プロでもボールをクリーンに打つことはできません。そこで、イメージとしてはバンカーショットと同じように、ヘッドをボールの手前に入れてやるのです。

バンカーと違うのは、スタンス幅と振り幅。使用クラブはSWで、バンカーの場合はある程度スタンスを広くしますが、ラフの場合はそれより少し狭くします。そして、シャフトが真っすぐ見えるように構え、ボールの位置を決めたら、あとは126ページでやった自分の得意の振り幅でスイングするのです（バンカーよりは振り幅が小さくなる）。

このような打ち方をすると、通常のアプローチより少し球が上がって飛ばなくなります。フェアウェイから30ヤード飛ぶ人であれば、25ヤードくらいになるでしょう。

ここでもアプローチと同じように、無理にピンに寄せようとするのではなく、自分の得意な振り幅で振って、ピンが近いときはオーバー、ピンが遠いときはショートでいいんだと思って打つことが大事です。

シャフトを真っすぐにして構え、得意の振り幅で打つ

バンカーの裏技①
両腕を伸ばしたままスイングする

バンカーの基本ワザを紹介しました。これができると、よほどアゴが高くて近いときや、ボールが沈んで目玉になっているとき以外は、一発で脱出できるようになります。ただ、みなさんの中には、「試してみたけど上手くいかない」「それでもザックリする」という人がいるかもしれません。そういう人は、ヘッドを打ち込みすぎている可能性があります。

ヘッドを上から下に打ち込んでしまうと、力が地面方向に働くことになります。すると砂とボールが前（目標方向）に飛ぶ力を打ち消してしまうため、ザックリなどのミスが出やすくなるのです。

バックスイングに対してフォローがとても小さい、砂が深くとれてボールが前に飛ばない……。こんな症状は、打ち込みすぎている証拠です。

このような場合には、手首をかためて両腕をピンと伸ばしたままスイングするとい

両腕を伸ばしたまま打つ

いでしょう。手首とひじを使わずにスイングすると入射角度がゆるやかになって、自然にヘッドが上から入らなくなります。すると力が目標方向に働くようになるため、ボールが前に飛びやすくなるのです。

アドレスは基本ワザと同じでOK。スタンスは肩幅、シャフトが地面と垂直になる(自分から見て真っすぐ見える)位置にボールを置いて構えます。あとは手首を固定し、左腕を真っすぐ伸ばしたままスイングしてください。バンカーではコックを使えと言いますが、上から打ち込みすぎている人がコックを使うと、よりヘッドが上から入りやすくなるので注意してください。

バンカーの裏技②
ギッタンバッコン・ショット

基本ワザも試した、両腕を伸ばすワザも試した。それでもバンカーから脱出できないという人は、裏技「ギッタンバッコン・ショット」をやってみましょう。

バンカーショットの場合、ボールを直接打つわけではないので、多少手打ちでも大きな問題はありません。でも、極度な手打ちでスイング中に手が大きく上下動すると、基本ワザでは上手くいかないケースも出てくるのです。そこで試してもらいたいのが「ギッタンバッコン・ショット」。ギッタンバッコンというのは、バックスイングで体重が左足にかかり、ダウンからフォローにかけて右足に残る動きを言います。この動きは、通常は悪い動きとして知られていますが、ことバンカーショットに関しては、手の上下動を抑えて砂とボールを前に飛ばすのに最適な動きなのです。

アドレスは基本ワザと一緒。スタンスを肩幅に広げ、シャフトを地面と垂直にして構えます。あとは、写真のようにバックスイングで左肩を下げ、ダウンでは右肩を下げてスイングし、ヘッドをボールの手前に入れればOKです。

ポイントは、手を肩の高さ以上に上げないこと。それだけ気をつければ、一発で脱出できるでしょう。

左肩を下げ、左足体重でバックスイング

右肩を下げ、右足体重でフォローをとる

バンカーの裏技③
目玉用エクスプロージョンショット

基本ワザでも出ない、左腕真っすぐでも出ない、ギッタンバッコンでも出ない。そういう人は、「目玉用エクスプロージョンショット」で脱出しましょう。

これは本来、バンカーでボールが沈んだ「目玉」のときに使うショットです。でも、この打ち方をすると力が目標方向に強く働くので、確実にボールを前に飛ばせるのです。ただし、球が低く出てかなり転がるので、アゴの高いときやグリーン奥に池、OBがあるときは使えません。その場合はアゴの低いところを狙うか、グリーン奥が安全な方向を狙って打つようにしてください。

打ち方は簡単です。スタンスを肩幅に広げ、ボールをスタンスの真ん中に置いたら、7：3くらいで左足に体重をかけます。あとは写真のようにフェースを極端に被せて、ボールの手前にヘッドを打ち込むだけ。これなら、手打ちでヘッドを打ち込みすぎてもボールは前に飛ぶので、ザックリの心配はいりません。

スタンスは肩幅、ボールはスタンスの真ん中。
フェースは極端に被せる

この打ち方は、バンカーで目玉になったときにも必要になるので、バンカーショットに自信のある人も覚えておくといいでしょう。

ヘッドを打ち込んで終わり。フォローは小さくてＯＫ

アプローチが寄る7つのコツ

心得①

50ヤード以内は確実に乗せる

心得②

20〜40ヤードはなるべく残さない

心得③

30ヤード前後に得意な距離をつくる

心得④

とりあえずパターで打てないか考える

心得⑤

ヒールを浮かせて打つテクニックを覚える

心得⑥

できる限り上りのパットを残す

心得⑦

バンカーは一発で出せる自信をつける

1ラウンド40パット以下を目指そう

ここからは、大事なパッティングの話をしましょう。

250ヤード真っすぐ飛んだドライバーショットも1打。カップを外したあと、「お先に」と言って入れた30センチのパットも1打です。ショットもパットも重さは同じ。その1打1打を積み重ねて99打以下で回れば、100切りを実現できるわけです。

ところがアマチュアゴルファーの場合、ショットに比べてパットを大事にしていない人がとても多いように感じます。

たとえば、毎週末に練習場でたくさんの球を打つ人でも、パットの練習はほとんどしないことが多い。パターマットは家にあるけどホコリをかぶっている。それこそが、パットを大事にしていない証拠です。

少し考えてみてください。どんなときも曲がらないスイングを身につけるのはプロでも不可能ですが、1メートルを真っすぐ打つだけならみなさんにもできるはずです。いくら練習してもショットはなかなか上手くなりませんが、ショートパットなどは練習すればすぐに上手くなる可能性があるのです。それなら、ムダなパットを減らすことは100の壁を破る近道だとは思いませんか?

手始めに、次にラウンドしたとき1ラウンドで何パットだったかチェックしてみてください。100を切れない人であれば、よほどアプローチが寄った日でない限り、40パットを切っていることは少ないと思います。100を切りたいのであれば、それを40以下に収めるのです。

ここまでの予定通り、すべてのパー4を3オン、パー5を4オン、パー3を2オンすれば54打。中にはパーオンするホールもあるでしょうが、思わぬミスもありそうだし、OBもあるかもしれません。それで4~5打オーバーして58~59打。そこに40パットを足せば98~99打で、100を切ることができます。

このように、100を切るためには、「ボギーオン」と「40パット」が目標になります。次項からは、それを実現するポイントを見ていくことにしましょう。

カップをショートさせると3パットが減る

1ラウンド40パットを切るためにまずやってもらいたいこと。それは、2メートル以上のパットはすべてカップをショートさせるつもりで打つということです。40パットを超えてしまうということは、それだけ3パットをたくさん打っている証拠。では、なぜ3パットになってしまうかといえば、はっきり言って距離感が悪いからです。ファーストパットが大オーバーしたり、大ショートしたりして、カップを行ったり来たりする。だから3パットになるのです。

そこで、自分の中で「カップをオーバーする」という可能性を消し去ってみてください。10メートル以上の長いパットは1〜2メートルショートさせる。5〜10メートルのパットは1メートルショートさせる。そして、2〜5メートルのパットはカップのふちで止めるつもりで打ち、絶対にカップをオーバーさせないようにするのです。

はじめのうちは、目標より多少大きめにショートしても（距離が残っても）ＯＫと考えます。でも、カップをオーバーしたら、「やっちまった！　これではいけない！」と自分を責めてください。

もちろん、5メートル以下のパットが結果的に届いてカップに入ってしまうこともありますが、それはそれで「よし」とします。

このような意識でプレーを続けていると、不思議なことに、あなたの中にホンモノの距離感が生まれてきます。この距離感は、その日のグリーンに対する距離感（その日の速さをつかむということ）だけでなく、どこに行っても通用する距離感です。これが芽生えてくれば、1ラウンド40パットを切ることはそれほど難しくなくなります。

とにかく、カップを行ったり来たりしているうちは、ホンモノの距離感は身につきません。これを手に入れるには、常にカップをショートさせる意識で打つことを徹底する必要があるのです。

ラインが読めなかったら真っすぐ打てばいい

100を切れない人に話を聞くと、「ラインが読めない」「傾斜がわからない」という人が多いようです。そして、「どうやったらラインを正確に読めるようになりますか？」という質問をよく受けます。しかし、あえて僕は言いたい。「ラインは読めなくてOK！　わからなかったら真っすぐ打てばいい！」と。

もちろん、誰にでも曲がるとわかるようなラインであれば、曲がることを頭に入れて打つべきです。でも、「どっちに曲がるかわからない」「そんなに曲がらないんじゃないか」というラインであれば、真っすぐ打てばいいのです。ただし、このときもカップに届かせないように打つことを忘れないでください。

このように曲がるラインをショートめに打つと、ボールはカップの下に外れることになります。すると、結果的に上りの真っすぐに近いラインが残るわけです。もしフックラインをスライスラインと読んで強めに打ってしまうと、カップに寄らないだけでなく、下りの難しいラインが残ってしまう……。そういうミスを避けたいのです。

また、常に真っすぐに打っていると、ちょっと打ち間違えたとき（思ったより右、もしくは左に出たとき）、カップインしてしまうというラッキーなこともあります。

僕の知人に、オリンピック（ゲームの一種。ワンパットで入れると、その距離に応じて金＝4点、銀＝3点、銅＝2点、鉄＝1点のポイントがもらえ、チップインするとダイヤモンド＝5点がもらえる）をやると、異常にダイヤモンドが多い「ダイヤモンドおばちゃん」と呼ばれている方がいらっしゃいます。その方に「どうして、そんなにダイヤモンド（チップイン）が多いんですか？」と聞いたら、「いつでも真っすぐ狙ってるからよ。ラインなんて、どうせ読んだってわかんないんだから！」という答えが返ってきました。「この考え方はパットに使える！」。僕はそう思いました。少し乱暴かもしれませんが、100を切るために、それほど精度の高いパットは必要ありません。わからなかったら真っすぐ打つ。それが結果的にパット数を減らすことにつながるのです。

1日1回、1メートルを10球連続で入れる

1ラウンド40パットを切るには、1メートル以内の上りのパットは確実にカップインさせる必要があります。この本のはじめに、「練習はしなくてもいい」と書きましたが、パターとアプローチの練習だけはやってもらいたいのです。

100切りできない人は、スコアがまとまらないのはショットのせいだと思い込んでいるフシがあります。でも実際に僕が見ていると、ショットよりパターでスコアを崩している人のほうがものすごく多いのです。

さらに、ショットというのはしっかり練習しても上手くなるのにある程度の時間がかかります。それに対してパット、とくにショートパットは、練習をすればあっという間に上手くなります。そしてショートパットが上手くなれば、確実に3パットの数は減る。スコアを減らすには、パットの練習をするのがいちばん手っとり早いのです。

では具体的に何をすればいいのかというと、1日1回、パターマットで1メート

ルを10球連続でカップインさせるのです。どうですか？　簡単でしょ？　これなら1日2〜3分もあればできると思いませんか？

ポイントは2つ。アドレスとインパクトでフェースをカップにスクエアに向けることと、1メートルが入る力加減を覚えること。これさえ意識しておけば、打ち方なんてなんでもOK。とにかく連続して10球入ればいいのです。

もちろん練習が好きな人であれば、このほかに2メートルを10球連続で入れる、カップの手前からジャストタッチで入れる、少し強めのタッチでカップの向こう側にぶつけて入れる、カップの右ふちから入れる、カップの左ふちから入れる——。このような練習を5〜10球やってもらえば完璧です。

「パターマットって退屈なんだよなぁ」という人も多いと思います。でも、テレビを見ながらでも、音楽を聴きながらでもいいんです。100を切りたいのであれば、1日1回、1メートルを10回連続で入れる練習をしてください。ショートパットをよく外す人であれば、これだけで4〜6打は違うはずですから。

ショートパットに難がある人は手首を使ってみる

ショートパットは練習すれば上手くなると言いました。でも、短いパットに悩んでいる人が多いのも事実でしょう。こういう人に試してもらいたいのが、手首を使ったパッティングストロークです。よく、「パットは手首を使うな」「肩のストロークで打て」などと言われますが、プロのように下半身をがっちり固定し、体幹部だけを使ってストロークするには柔軟性や筋力が必要になります。これをアマチュアがやろうとすると、支点がぶれて逆に短いパットが入りにくくなることがあるのです。

そこで、セオリーには反するかもしれませんが、グリップエンドの位置をなるべく動かさないようにして、手首の動きだけで打ってみてください。すると、支点ができてフェースの向きが変わらなくなるため、方向性が安定してショートパットがやさしく感じられる可能性があるのです。このとき、ヘッドの大きなマレット型のパター（慣性モーメントの大きなパター）を使うと、よりショートパットの方向性がアップするでしょう。
この手首を使ったストロークは、ショートパットだけでなくロングパットに使ってもOKです。手首を使うな、パンチを入れるなというのは、グリーンの速さを示すスティンプ値が9・5フィート以上の高速グリーンの話。一般営業のコースであれば、9フィート以下のグリーンがほとんどなのですから、少しくらい手首を使ったほうが寄せやすいグリーンが多いのです。

通常のストローク

手首を使ったストローク

ボールの線をラインに合わせると方向性に確信が持てる

第3章のティショットのところで、ボールに線やマークを入れておくといいという話をしましたが、この線はパットのときにも大いに役立ちます。

これはパッティングに限りませんが、ゴルフというのはラインに対して平行に立ってボールを打つため、構えたときにどこを向いているかがわかりにくくなりがち。ラインの後ろに座り、ラインに正対していれば真っすぐなラインが見えますが、アドレスに入るとその見え方が変わってしまうのです。

そして自分の向きが悪いまま、もしくは自分の向きを疑ったままストロークすれば、ボールを狙った方向に転がすことはできません。これを防ぐには、必ずラインに対してボールのラインを真っすぐに合わせ、そのラインに対して平行に立ち、そのライン通りにボールを打ち出すというクセをつけるのです。

ボールに入れるラインは1本でもいいし、十字でもかまいません。自分好みの線でいいのですが、その線を必ずラインに合わせて打つことだけは忘れないようにしてください。

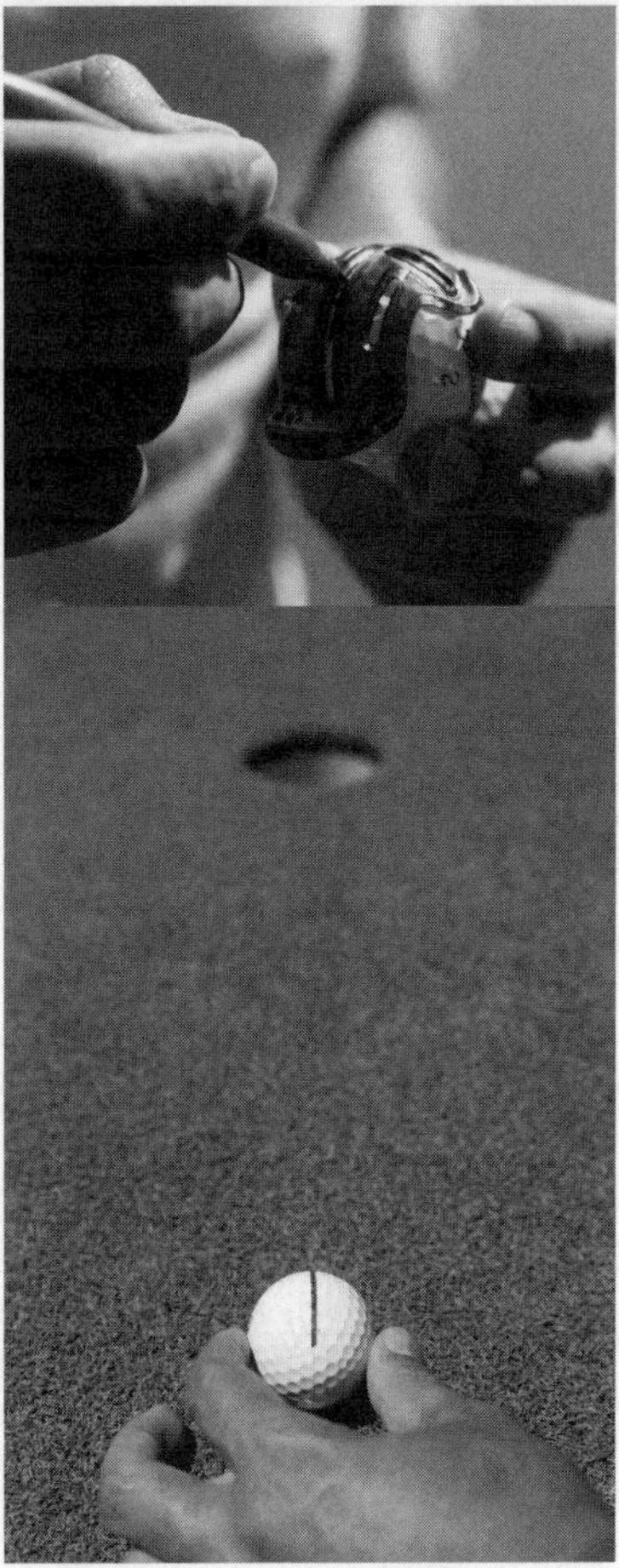

ラインを入れておくとミスが減る

パッティングの戦略

心得①

1ラウンド40パット以下を目指す

心得②

常にカップをショートさせる

心得③

ラインがわからなかったら
真っすぐ打つ

心得④

1日1回、1メートルを
10球連続で入れる

心得⑤

手首は使ってOK

心得⑥

ボールには線を入れておく

第6章

これだけやればOK！
最速で100切りする
練習メニュー

実戦で使うショットを想定して練習する

みなさんは、練習場でどんな練習をしているでしょうか？　「そりゃあ、スライスを直すとか、ドライバーを気持ちよく打つ練習だよ」なんて答えが多いんじゃないかと思います。つまり、ほとんどの人が球を真っすぐ打つために練習場に通っているわけです。

もちろん、そういう練習が悪いわけではありません。でもそれらは本来、スイングをつくるための練習であって、100を切るための練習ではないわけです。

「いいスイングを身につけ、球が真っすぐ飛ぶようになることが100切りの近道」という考え方もありますが、いいスイングを身につけるにはそれなりの時間が必要ですし、いい球を打てるようになったからといって、スコアがまとまるとは限りません。

たしかに、球が当たらなかったり、飛ばなかったり、曲がりすぎたりする人には、スイングの基本を身につける練習が大事です。でも、ある程度球が打てるようになって、110～120くらいで回れる人が「100を切りたい！」と思ったら、そのための練習をすべきなのです。

では、具体的にどんな練習かというと、コースで必要になるであろうショットの練習です。ここまで説明してきた状況別のショットを、あらかじめ練習場でリハーサルしておく。そうすることで、実戦でも自信を持って使えるようになるのです。

ゴルフという競技は、やみくもに球を打ってスコアアップすることはありません。練習をスコアにつなげるには、目的を持って、それを達成するための練習をすることが重要です。

次項では、100を切るための練習メニューを紹介していきます。同じ100球を打つのであれば、このメニューを参考にして、スコアにつながる練習をしてください。ただ真っすぐな球を打とうとするより、はるかに効果的なはずです。

【100切りのための100球メニュー】

100を切るには、コースで必要になるショットを練習しておくことが大切だと説明しました。ここで紹介するのは、練習場で100球打つときのメニューです。球数はあくまで目安なので、自分が苦手なショットは多めにするなどのアレンジを加えてください。それぞれのショットのポイントをチェックしながら、効率よく練習してください。

①パターで30Y……………………5球
②8IとPWのアプローチ…………各5球
③100Yショット……………………10球
④FWのぶっつけショット…………10球
⑤7Iのハーフトップショット………10球
⑥7Iの超ワイドスタンスショット……10球

⑦バンカーショット……………………5球
⑧30ヤード前後のアプローチ………………10球
⑨超・幅狭スタンスショット&超短グリップショット……各5球
⑩通常のスイング……………………20球

【各練習のポイント】

①パターで30Y（128ページ）
グリーンまわり30ヤードのアプローチは、できる限りパターを使う。しかし、通常20～30ヤードをパターで打つことがないので、その力感、スピード、距離感を練習でつかんでおく。地面に芝が敷いてある練習場の1階打席で練習できれば理想的。

②8IとPWのアプローチ（132ページ）
パターで打てないときのためのアプローチ練習。ボールを体の近くに置き、ヒールを浮かせて構えたらパッティングストロークで球を打つ。どのくらいの強さで打つと、どのくらい球が上がって、どのくらいキャリーをするのかをつかんでおこう。

③100Yショット（30ページ）

使用クラブは人によって違うが、100ヤード打つクラブを練習しておく。長い距離が残ったとき、意図的に100ヤードを残してグリーンを狙うなど、このクラブに自信をつけておくと、コースマネジメントがとても楽になる。

④FWのぶっつけショット（90ページ）

使用クラブは5W、もしくは22度以上のハイブリッド（ユーティリティ）クラブ。スタンスは肩幅。クラブを短く持ち、ボールをスタンスの真ん中に置いたら、ヘッドを上からぶつけてフォローを抑える。これで150ヤードをコンスタントに打てるようにする。

⑤7Iのハーフトップショット（88ページ）

フェアウェイからダフりを防ぎ、悪くてもハーフトップを打って確実に飛距離を稼ぐショットの練習。スタンスは肩幅、ボール位置は真ん中、ボールの上にヘッドを浮かせて構え、そのままスイングして打つ。ダフりのミスさえ出なければOK。

⑥7Iの超ワイドスタンスショット（94ページ、102ページ）
傾斜地やフェアウェイバンカーで使う、超ワイドスタンスショットの練習。スタンスをできるだけ広げ、ボール位置はスタンスの真ん中。あとは普通に打つ。スイング中、頭の位置を動かさないようにして、フィニッシュはベタ足でOKだ。

⑦バンカーショット（138ページ）
SWを使ったエクスプロージョンショットの練習。スタンスは肩幅。シャフトが地面と垂直になるように構えたら、その状態を保てる位置にボールを置く。あとはいつもと同じようにスイングしてボールの手前にヘッドを入れる。これで高い球が出ればOK。

⑧30ヤード前後のアプローチ（126ページ）
まずは腰から腰、胸から胸、肩から肩の振り幅で打ち、自分がいちばん気持ちよく打てる振り幅を見つける。あとは、その振り幅でSW、AW（PS）、PWの3本を打ち、30ヤード前後飛ぶ振り幅とクラブの組み合わせを見つけて練習する。

⑨超・幅狭スタンスショット&超短グリップショット（68ページ、70ページ）

使用クラブはドライバー。ティショットが安定しないときのためにスタンスを狭くして球を打ち、方向性を重視した低い球を打ちたいときのために、クラブを極端に短く持って球を打つ。練習場でリハーサルしておくことで、実戦でも使いやすくなるはずだ。

⑩通常のスイング

最後の20球は自由に打つ。可能であれば、100Yショットと30ヤード前後のアプローチを多めに打ち、自信をつけておく。この2つが確実にグリーンに乗るようになれば、100切りはとても簡単になるだろう。

練習場で感触を確かめておく

100を切るための練習は、コースで自信を持って打てるようになるための練習です。この「自信を高める」ということは、実戦において非常に重要な意味を持っています。同じショットを打つのでも「これは練習場でやったことあるぞ」と思っているのと、「本で読んだけどやったことがない」と思っているのでは、そのショットが成功する確率はまったく変わってくるからです。

メニューに出てくるショットは、第2章から第5章までに出てくるテクニックですが、実はこれさえできれば、コースで出合うほとんどの状況をクリアできます。

だからこそ、そのショットをリハーサルすることに意味があるのです。100を切りたいのであれば、しばらくこのメニュー通りに練習してみてください。ここにあるショットに自信がつけば、100なんてすぐに切れてしまうでしょう。

練習するクラブは7本だけでいい

練習場に行ったら、バッグに入っているすべてのクラブを打たなくては気がすまないという人も多いようです。でも、100を切るという目的を持って練習するのであれば、練習するクラブはドライバー、5W（もしくは22度以上のハイブリッド）、7I、8I、PW、SW、パターの7本に絞ったほうがいいでしょう。

すべてのクラブを打とうとすると練習の目的があやふやになりやすいこともありますが、正直言って、100を切るのに14本ものクラブは必要ないからです。

実際、僕が片手で100を切ったときも、ドライバー、3W、8I、PW、SW、パターの6本以外はほとんど使いませんでした。ドライバーでティショットをしたら3Wのぶっつけショットで距離を稼ぎ、8I以下の距離に入ったら8I、PW、SWでグリーンに乗せる。そういうプレースタイルだったからです。

ちなみに、9Iを使わなかったのは片手だと8Iも9Iも飛距離があまり変わらなかったからです。それなら、使う番手も練習する番手も絞ったほうが効率がいいと考えました。

少ない本数でプレーするメリット

このスタイルは、みなさんがプレーするときにも非常に参考になるのではないかと思います。だって、160ヤードと170ヤードを正確に打ち分けるなんて、シングルだってけっこう難しい。それなら、ドライバーか5W（もしくはハイブリッド）でティショットしたら、5Wのぶっつけで距離を稼ぎ、8I以下の距離に来たらグリーンを狙う（7Iで練習しておけば、8Iがやさしく打てますよね?）。そんな感じでプレーしたほうがシンプルだし、スコアがつくりやすくなるはずです。

少ない本数で練習やプレーをすると、さまざまな感性が磨かれ、スコアメイクに工夫をするようになるというメリットもあります。その感性と工夫が、100切りにはとても重要なのです。

ティアップして打つと練習の効果が高まる

練習するときに注意したいのは、マットが削れて薄くなったところにボールを置かないということです。また、下が硬すぎる練習場も避けたほうがいいでしょう。

練習で自信を高めるには、なるべくミスショットを打たないことが大切です。しかし、ライが悪ければ、どうしてもミスが出やすくなってしまう。これでは練習の意味がありません。

また、マットの薄いところに球を置いて打つと、ヘッドを上から入れたくなるのも問題です。必要以上にヘッドを上から入れてしまうと、ダフりやすくなるだけでなく、力のベクトルが地面方向に働き、距離感、方向性ともに安定しなくなってしまうからです。

基本的にすべてのショットにおいて、力は目標方向に使うべきだと考えています。それには、ヘッドを上から入れたり下から入れたりするのではなく、ボールの横から入れていく必要があります。そのために、いいライを選ぶことが大切なのです。

なるべくミスを減らして自信を高め、ヘッドを横から入れる感覚を磨くためには、なるべくティアップして練習するというのも大切です。練習メニューで言えば、100ヤードショットやハーフトップショット、ワイドスタンスショットなどは、少しだけティアップして打つようにするといいでしょう。

練習場のマットは、少しくらいヘッドが手前に入ってもヘッドが滑って当たるので、ミスをしたのかどうかがわかりにくいという短所があります。また、そうやってダフるとソールが跳ねてフェースが返るため、ダフっているにもかかわらず飛距離が出たりする。これでは、自分の正確な距離感をつかむこともできません。

その点、ティアップした球は距離が正確に出るし、ミスがミスとわかりやすいのです。打ったときにヘッドがゴムティに当たるのは、ヘッドが上、もしくは下から入っている証拠。これをボールだけクリーンにとらえるように修正します。そうすることで、ヘッドを横から入れる感覚が身につくだけでなく、実戦の中で、ボールをクリーンにとらえるための技術が身についてくるのです。

高いティで打てれば、より正確なショットが身につく

第7章

やってはいけない クラブ&用具選び

ドライバーのシャフトやロフトで見栄を張らない

よく、「ドライバーさえ上手く打てたら100を切れるのに」という人がいます。だから、「練習場に行ったときはドライバーを打ち込んで、苦手意識を克服するのだ」と……。でも、ドライバーが上手く打てない原因は、本当に技術にあるのでしょうか？

100を切るレベルで、スイングが完成していることはまずないでしょう。だから、技術を磨くために練習するのはとてもいいことです。しかしその前に、ドライバーという道具そのものを見直してみてもいいんじゃないかと、僕は思うのです。

アマチュアの大半は、自分のパワー、ヘッドスピードに対して、硬いシャフト、少ないロフトのクラブを使う傾向にあります。本来なら「R」のシャフトでいいのに、それだとカッコ悪いからと「S」や「SR」などの硬めのクラブを使う。球が上がらないのに、ヘッドスピードがあるからと「9度」のロフトにするなどなど……。

でも、やさしいという意味で言えば、間違いなくシャフトが軟らかく、ロフトの大きいクラブのほうがやさしいのです。百歩譲って、ヘッドスピードが43m/秒以上の人であれば「S」のシャフトでもいいでしょうが、普通のパワーであれば、100を切るまではみんな「R」でいい。ロフトだって、最低でも「10・5度」、可能であれば「12度」くらいのものを選んでほしいのです。

ロフトが大きければ、それだけサイドスピンが減るので曲がりにくくなります。さらに、球が上がるということは、それだけ飛距離も出やすくなるわけです。

え？　市販のドライバーに「12度」なんてない？　たしかに、「12度」と表示されているクラブは少ないですね。しかし、「10・5度」と書いてあっても、実際には「11度」以上あるクラブも多いのです。まずは、ゴルフショップで「リアルロフトが大きいクラブが欲しいんですが」と相談してみてください。そうすれば、いくつかのモデルを紹介してくれるでしょう。

自分で選ぶときは、同じロフト表示でもクラブによって誤差があることを覚えておき、構えてみたときになるべくフェースが見えるものを選ぶといいでしょう。

ミスを帳消しにしてくれるやさしいアイアンを

100を早く切りたいのであれば、アイアンにしても、男子プロが使っているハードなものではなく、ヘッドが大きく、球が上がりやすいモデルを選んだほうがいいでしょう。またドライバーと同じように、少し軟らかめのシャフトにすることも大切です。

よく、「アイアンは一生ものだから」といって、上達したあとでも使えるようにちょっと難しいクラブを選んだり、「好きなプロが使っているから」といって、パワーがないと使えないようなモデルを選んだりする人が多いようです。しかし、やさしく軟らかいクラブは、確実にあなたのミスをカバーしてくれます。

たとえば、残り130ヤード。プロモデルだと少し芯を外しただけで大きく曲がったり、100ヤードも飛ばなかったりしますが、アベレージゴルファー用のオーバーサイズのアイアンであれば、曲がりも飛距離ロスも少なくてすむ可能性が高いのです。

「でも、やさしいクラブって、ソールが厚すぎて使いにくいんだよなぁ」なんていう人がいるかもしれません。たしかに、ひと昔前のアマチュア向けアイアンには、ソールが異様に厚かったりバウンスが強すぎたりして、使いにくいものが多かったのも事実です。ヘッドの大きなモデルは、ある程度パワーのある人やダウンブローに打てる人には使いにくいということも実際にありました。

しかし最近のモデルはかなり工夫されていて、ヘッドが大きくても、それで使いにくいということは少なくなっています。実際、トップアマの中にも、大きなヘッドのアイアンを使う人が増えてきているのです。

また、硬いシャフトを使っているとスイング中に力みやすい傾向があります。力めば力むほどミスが出るのは、みなさんもご存じの通り。軟らかいシャフトのしなりを使って打てるようになるとそういう力みがとれ、飛距離も方向性も安定します。

あこがれのプロのクラブを使う、ちょっとカッコいいクラブを選ぶ――。ゴルフにはそういう楽しみ方もありますが、１００を切りたいのであればそういう見栄を捨て、やさしく、ミスをカバーしてくれるクラブを選ぶようにしてください。

意外に重要なFW、ハイブリッド選び

アマチュアゴルファーの中には、ドライバーは常に最新モデルなのに、フェアウェイウッドはまったく替えない（ものすごく古いクラブを使っている）人もいるようです。ＦＷなんかにお金をかけるのはもったいないということなのかもしれません。

しかし第1章でお話しした通り、１００を切るにはコンスタントに１５０ヤードを飛ばせて、ティショットにも使えるクラブが絶対に必要です。そして、そのクラブは間違いなくドライバーより使用頻度が高い。ですから、信頼できるＦＷもしくはハイブリッド（ユーティリティ）クラブを見つけることは、とても重要なのです。

基本的に、ウッド系が好きな人はＦＷ、アイアンが好きな人はハイブリッドを選べばいいでしょう。１００を切ることが目標であれば、ＦＷやハイブリッドを何本も入れる必要はありません。確実に１５０ヤード以上を飛ばせる信頼の1本が見つかれば、それだけでいいのです。

FW、ハイブリッド選びで大切なのは、曲がりにくく、球が上がりやすいということ。そのためには、ある程度ロフトがあって、シャフトが長すぎないものが対象になってきます。具体的にいうと、FWでいえば5W（クリーク）、ハイブリッドでいえばロフトが22度以上のものがおすすめです。

FWを選ぶときは、シャローフェース（フェース厚の薄いもの）のモデルを選ぶことも大切です。男子プロが使っているようなディープフェース（フェース厚の厚いもの）のモデルは、いくらロフトがあっても、シャローフェースに比べて球が上がりにくいからです。また、ドライバー、アイアンと同じように、シャフトは少し軟らかく感じるくらいのものを選んでください。

コンスタントに150ヤード以上が打てて、ティショットにも使えるFW、もしくはハイブリッド。その1本が見つかれば、100を切りたいあなたの強い味方になってくれるはずです。

「100ヤードピッタリ」を打てるクラブはあるか

第1章で「必殺の2本をつくる」、という話をしました。1本は150ヤードをコンスタントに打てて、ティショットにも使えるクラブ。もう1本は、自信を持って100ヤード打てるクラブです。

この100ヤードを打つクラブは、なんとなく100ヤード飛ぶクラブではなく、限りなく100ヤードに近く飛ぶものの、100ヤードはオーバーしないというクラブが理想です。たとえば、「普通に打つと105ヤード、ときどき当たると110ヤード飛んでしまう」というようなクラブではなく、「ちゃんと当たったときに100ヤード。ちょっと当たらなかったとき100ヤード弱かな」というクラブがいいのです。

基本的に、100を切れない人というのは球が止まりにくいもの。そんな人が100ヤード以上飛ぶクラブで100ヤードを打とうとすれば、大事な場面でグリーンオーバーしてしまう危険があるからです。

ところが、最近のアイアンは飛距離を求めるために、ロフトが立った設計になっています。昔のPWは48〜50度くらいあったのに、今では44度なんていうモデルもあるくらいです。それに対して、SWは56〜58度と昔と変わっていません。すると、そこに大きな距離差ができて、100ヤードピッタリ打てるクラブがないこともあるのです。

いくら意図的に100ヤードを残しても、きっちり100ヤード打てるクラブがなければその作戦は失敗してしまいます。まずは自分のウェッジやショートアイアンがどれくらい飛ぶのかをできるだけ正確にチェックし、100ヤードを打てるクラブがあるのかどうか把握してください。

それがない場合は、ロフトを調整するか100ヤードピッタリ打てるクラブを新しくセッティングします。とにかく、この本に書かれている100を切るマネジメントには、100ヤードを打てるクラブが不可欠なのです。

おわりに

100を切る裏技の数々、いかがでしたか？　一般的なゴルフのレッスン書には書かれていないことも多いので、もしかすると戸惑ってしまったという方がいるかもしれません。しかし、本書で紹介した考え方や攻め方は、実は多くの上級者たちが普段から実践しているテクニックでもあるのです。

バリバリのシングルだって、一年中ショットの調子がいいわけではありません。ときには球が曲がり、思うようにコースを攻められないこともあります。そんなとき、彼らは自分なりの「裏技」でピンチをしのぎます。たとえば、ティショットが曲がるときは距離を落としたり、低い球を打ったり、クラブを替えたりしてしのぐ。パー4であれば、2打でどうにかグリーンに近づけてアプローチでピンに寄せていく。アプローチが不調なときには、とにかくパターで転がす……。

ほら、この本に書いていることと同じでしょ？　シングルになれば90を叩くことはほとんどないし、どんなに調子が悪くたって絶対に100打つわけにはいきません。そんなとき、彼らは自分なりの裏技を駆使してピンチを乗り切っていくのです。
僕が言いたいのは、本書に書かれているテクニックは、オーソドックスではないけどけっしてカッコ悪かったり、実践すると恥ずかしかったりするようなものではないということです。シングルだって実践しているテクニックなのですから、恥ずかしがらずに堂々と実践して、堂々と100を切ってほしいのです。

ゴルフというのは面白いもので、110には110の、100には100の、90には90の喜びがあります。そして、そのスコアを経験していない人には、その喜びはけっしてわかりません。だからこそ、一度は100の壁を打ち破り、その喜びを享受してほしいのです。その先には、みなさんがまだ知らないゴルフの魅力が待っているはずです。

中井　学

本書は2014年に小社より刊行した『ゴルフ 次のラウンドで確実に100を切る裏技』を文庫化したものです。

青春文庫

ゴルフ 次《つぎ》のラウンドで 確実《かくじつ》に100を切《き》る裏技《うらわざ》

2023年2月20日　第1刷

著　者　中《なか》井《い》　学《がく》
発行者　小澤源太郎
責任編集　株式会社プライム涌光
発行所　株式会社青春出版社
〒162-0056　東京都新宿区若松町 12-1
電話 03-3203-2850（編集部）
03-3207-1916（営業部）
振替番号　00190-7-98602
印刷／大日本印刷
製本／ナショナル製本
ISBN 978-4-413-29822-3